中小企业财务管理问题研究

张顺华 ◎ 著

吉林出版集团股份有限公司

图书在版编目（CIP）数据

中小企业财务管理问题研究 / 张顺华著 . — 长春 ：
吉林出版集团股份有限公司，2020.6

ISBN 978-7-5534-0109-6

Ⅰ . ①中… Ⅱ . ①张… Ⅲ . ①中小企业－企业管理－
财务管理－研究 Ⅳ . ① F276.3

中国版本图书馆 CIP 数据核字（2020）第 098650 号

中小企业财务管理问题研究

著　　者	张顺华	
责任编辑	王　平　李晓华	
封面设计	林　吉	
开　　本	787mm×1092mm　1/16	
字　　数	230 千	
印　　张	10.25	
版　　次	2021 年 6 月第 1 版	
印　　次	2021 年 6 月第 1 次印刷	
出　　版	吉林出版集团股份有限公司	
电　　话	总编室：010-63109269	
	发行部：010-82751067	
印　　刷	炫彩（天津）印刷有限责任公司	

ISBN　978-7-5534-0109-6　　　　　　　　　　　　定价：58.00 元

前　言

  中小企业是市场经济中最具活力，但也是流动性最大的企业群体。据美国商务部统计，美国中小企业 5 年的生存率是 40%，10 年的生存率不过 13%。英国贸工部的统计资料显示，7% 的新建企业在开业 6 个月内关闭，"活"过 6 年的只有 35%。据此推测，我国中小企业 3 年存活率约为 30%，而少数企业的寿命却长达一个或若干个世纪。两者如此巨大的差距，成为企业理论研究中的"企业成长之谜"，并成为 20 世纪 80 年代以来人们关注的焦点。

  据美国 Dun & Bradstreet 公司的一项调查表明，中小企业中 90% 以上的经营失败源自不良的管理。其中，对于大部分中小企业来说，缺乏对资金这一稀缺资源的科学管理，使其成为中小企业诸多管理问题的核心。基于这种认识，本书试图从财务学角度探讨解决我国中小企业财务管理的途径，以期为中小企业提供一个如何有效管理财务，并最终走出成长困境，实现可持续发展的解决框架。

  本书第一章对中小企业特质与财务管理进行分析，第二章主要论述了中小企业应该秉持的三大核心财务观念：财务成本观、风险管理观、财务创新观。第三章主要论述了中小企业评价财务状况的几种分析方法以及平衡增长的财务政策和策略选择。第四章主要论述了化解融资困境的路径以及中小企业的融资策略选择。第五章介绍了中小企业制定投资政策的过程。第六章主要论述了中小企业的现金、存货和信用的管理。第七章主要论述了中小企业盈余分配管理，第八章主要论述了中小企业税收筹划管理。

  本书注重实用性和操作性，又不乏理论性。既可以为中小企业解决财务管理的实际问题提供借鉴，也可以为该领域的研究人员提供参考。由于能力有限，难免存在不妥之处，敬请广大读者不吝赐教。

目 录

第一章　中小企业特质与财务管理

中小企业由于资产规模小，市场拓展难度大，盈利不确定性强，信用程度低，融资渠道狭窄等特征，因而与大企业相比，有着不同于大企业的特质。这些特质将决定中小企业独特的财务特质，也不可避免地对中小企业的财务管理产生重要的影响，从而对中小企业的持续发展产生重要的影响。本章将基于中小企业的特质，深入探讨中小企业财务的特质，并在此基础上构建中小企业财务管理的分析框架。

第一节　中小企业财务的特质

国内中小企业财务管理的成果大多直接套用了一般企业财务管理的分析框架，对中小企业不同于大企业的特殊性认识不足，忽略了对中小企业财务特质的深入分析。实际上，由于经营规模、经营水平等各方面的差异，中小企业与一般企业相比有着显著不同的特点。这些特点作为表征现象具有易变性，为了深入分析中小企业的财务管理，我们有必要透过这些现象把握具有相对稳定性的特质。企业的财务活动是以企业组织为载体的，并从属于企业组织的一系列活动。新制度经济学将企业视为一系列契约的制度安排，而财务活动所形成的结果也将作为一种状态从属于整个企业的制度安排。因此，中小企业本身的特质将决定中小企业财务的特质。笔者认为，中小企业具有两大特质：严重的信息非均衡和风险等级异质性。这两大特质对中小企业财务产生了实质性的影响作用，并形成了中小企业区别于大企业的财务特质。

一、信息非均衡与中小企业财务

信息非均衡是指各市场参与主体所获得的市场信息存在某种程度的差异，即某些市场参与主体拥有私人信息。从狭义上来说，信息非均衡仅指不对称信息；从广义上来说，信息非均衡的含义要广泛得多，不仅包括不对称信息，还包括非完全信息、非完美信息等。信息非均衡在任何企业中都是普遍存在的，但中小企业的信息非均衡程度要远远高于大企业。因此，深入分析信息在中小企业中的分布和完善情况有助于了解中小企业财务与众不同的特征。

在进一步分析中小企业的信息非均衡之前，我们有必要了解一下信息非均衡的具体内涵。在经济活动中，所有影响未来收入流量的分析、判断和估价的资料、情报等，都可以视为信息。在金融市场理论中，根据各经济主体所获取市场信息的差异性，可将各市场参与主体分为掌握市场的均衡信息和非均衡信息两类。均衡信息是指各市场参与主体掌握着相同程度的市场信息，即各市场参与主体掌握市场的完全信息或对称信息。完全信息是指每个参与人（市场经济主体）对所有其他参与人的特征（包括战略空间、得益等）有完全的了解，市场经济主体可以免费地和迅速地获取其他参与人的各种市场信息，各经济主体在获取信息的能力和可能性上都是相等的，即市场参与者掌握着对称信息。各经济主体只有具备完备而迅速的市场信息才能及时对市场信号做出反应，以实现其行为的最优化。在信息经济学中，一般将拥有私人信息的参与人称为"代理人"，不拥有私人信息的参与人称为"委托人"。根据信息经济学的解释，委托人由于无法及时和充分了解企业的经营状况、资产状况等相关信息，常常处于信息的劣势地位；而受托人则拥有企业经营状况的完全信息，如利润率、产品销售情况、贷款回收情况等信息，因而往往处于信息的优势地位。

信息经济学理论表明，信息非均衡在任何企业中都是普遍存在的。然而，中小企业的信息非均衡程度要远远高于大企业。就中小企业而言，信息非均衡的情形主要体现在融资契约的缔结和贯彻过程中。我们以这个过程为分析对象，来比较中小企业和大企业的信息特征。

在融资契约的缔结和贯彻过程中，无论大企业还是中小企业，其与外部信息需求者之间所存在的信息非均衡都可以大致分为两类。一类是有关企业经营者人品、个人素质、经营能力等个人信息，这类信息具有与其所有者不可完全分离的特征，我们称之为人格化的信息。人格化信息也是现代人力资本理论的研究对象之一，是衡量人力资本的重要依据。人格化信息具有不可保证性的特征，它无法被有效观测；更准确地说，信息需求者需要付出昂贵的成本才能观测到人格化信息。人格化信息的有效范围存在于其所有者所处的某个社会关系网络中，这种网络的结点局限于家人、亲朋好友等熟人。另一类是有关企业经营方面的信息，包括资产状况、经营成果和现金流量等财务信息以及关于投资项目潜在盈利水平等预期信息。这类信息与企业经营者的个人素质、能力等无关，是一种以数据和书面资料形式反映的非人格化的信息。在大多数情况下，企业经营方面的信息具有一定的可计算性，从而也就具备了一定的保证性。在正式的金融制度下，资本市场中有许多资金盈余者和资金短缺者，他们彼此的社会关系网络都是松散、短期的，尚无法形成人格化的信任关系和道义上的约束力。在这种情况下，资金盈余者将会降低人格化信息在风险量化分析与评估模型中的影响因子，而更多地考虑具有"可计算性"的企业经营方面的信息。因此，银行等金融机构进行资信调查时候，要求企业按照一定的程序和格式报送各种财务报表、商业计划书等反映财务信息和预期信息的资料，提供符合条件的抵押品、质押品或者通过有实力的担保企业以及社会担保机构进行担保。

对于任何企业，人格化信息和非人格化信息都存在一定程度的信息非均衡，但中小企业的信息非均衡程度要远大于大企业，并最终导致中小企业的融资困境等财务特征。

（一）中小企业非人格化信息更难以被掌握

中小企业的财务信息披露存在诸多问题。其一，公众的难以获得性。与大企业不同，中小企业没有大量的专业信息分析人员时刻关注其信息变化，也没有独立的第三方来保证其财务信息的透明度和可信度。其二，中小企业缺乏规范化的信息披露途径，不需要遵循《公司法》对上市公司信息披露的制度约束。中小企业的上述信息披露问题所出现的主要成因有：会计机构的设置不规范、会计基础工作薄弱、会计人员素质偏低、信息供给过程中缺乏监督等。在现实中，我们往往可以发现许多中小企业使用两套账簿，一套作为企业主自己会计核算用，另一套专门用于应付税务部门。显然，在这种情形下，中小企业的会计报表很难真实、完整反映企业的资产状况、经营成果和现金流量。金融机构也无法通过会计报表所传递的财务信息有效评价企业的经营业绩。因此，与企业经营者相比，外部市场主体面临严重的信息劣势。金融机构在获取预期信息方面同样面临着严重的信息非均衡。金融机构等向企业提供资金总是期望有一个安全的回报，这一安全性一方面来自企业现有的经营业绩，另一方面来自企业投资项目的预期盈利水平，显然，预期盈利水平越高，金融机构的资金所得到的保障性越强。因此，银行等金融机构通常要求借款企业提供能够合理解释说明投资项目潜在盈利水平的商业计划书。对投资项目进行审查时，金融机构需要对投资项目的宏观环境、市场风险、技术风险、技术优势、市场前景、行业竞争情形、有关财务指标、投资的退出渠道等，进行深入量化分析和评估。为了保证量化分析和评估的正确性，金融机构必须获取有关投资项目的相关信息。交易成本经济学指出，收集信息也需要付出交易成本。同等数额的交易成本与金融机构通过向中小企业限额贷款所能获取的潜在的收益相比，将显得相对昂贵。因此，金融机构出于自身利益最大化的目标出发，很可能会放弃收集某些信息的尝试，这无疑增加了中小企业和金融机构之间的信息非均衡。彭磊从中小企业信息披露的作用机制入手分析了中小企业的信息特征。与大企业的内部治理结构不同，中小企业的所有者与经营者是合二为一的，不存在决策权的委托与再委托情形，信息需要传递的层次比较少。因此，出于最经济利用信息的原则，企业所有者倾向于自己汇总信息并集中决策，决策所需要的信息只要自己可以理解即可，而不需要具备公共产品的标准化特征。所以，中小企业的这种信息结构虽减少了内部信息利用成本，却增加了外部信息需求者的信息成本。此外，科技型中小企业的高科技背景则进一步加剧了投资项目的信息非均衡。对于一些传统行业的投资项目，金融机构可以比较容易地找到可供参考比较的相关案例，并结合自身的专家优势制定出有关的评估标准。然而对于高科技行业，金融结构就很可能面临高科技的壁垒。金融机构要评估高科技投资项目的盈利水平，必须了解相关领域的发展现状和发展动向等方面的知识，而获取这种知识需要花较长的时间进行深入分析研究，这对于追求自身效用最大化的金融机构来说显然是不经济的。此外，高科技投资项目通常涉及对新产品、新服务的投资和开发，类似的投资案例比较少，可供对比、比较和参考的企业也不多，所以金融机构难以获得相关的评估经验和可供参考的准则。

因此，在高科技项目的发展前景以及可行性等信息方面，金融机构面临着严重的信息劣势。

（二）中小企业人格化信息难被外部市场主体所掌握

由人格化信息所形成的社会网络只能局限于有限范围内的家人、亲戚朋友、同事熟人之间。这种社会网络的运行依赖于长期形成的社会关系产生的信任和道义约束力，很显然，这种信任和约束力同法律约束力相比要脆弱得多。当借款金额较大时，依靠个人社会关系网络所提供的人格化的信任就会远远小于违约后的净收益，借款人的违约动机也就会大大增强。我们可以发现，在非正式金融比较发达的江浙一带，凭借中小企业的人格化信息所缔结的融资契约往往是短期的，几个月或者一年，极少有长期的借贷行为，而且借款金额往往不大。处于这种社会网络边缘或者网络之外的金融机构或者风险投资企业，即使要达到同一般社会网络同等的信息地位也是非常困难的。与大企业相比，中小企业人格化信息的非均衡程度要高得多。金融机构和其他潜在的债权人、投资者无法在短期内掌握中小企业的诸如经营者的人品、素质、经营能力等无法量化的信息。而中小企业经营者的人品、素质、经营能力等则对融资契约的履约意愿和履约能力以及投资项目的成败往往具有决定性的影响，在科技型中小企业中这一点表现得更为突出。争取能更准确地获得有关企业经营者经营能力等信息，是金融机构和投资者降低信息非均衡程度，提高贷款安全性和投资成功概率的重要措施之一。因此，金融机构和投资机构往往要调查企业的信用状况、管理者以往的经营业绩，借以对中小企业经营者的履约能力和意愿及经营能力进行评估。但是，与大企业相比，中小企业存在会计制度不健全、管理人员经营记录不完整等一系列制度不规范的地方，企业未来的履约能力和意愿以及经营能力存在很大的不确定性，加剧了逆向选择和道德风险。一些家族式中小企业的经营者往往来自家族内部，其人格化信息常局限于家族内部，金融机构等外部的信息需求者无法从职业经理人市场等具有公开化信息的渠道获取所需要的信息。科技型中小企业也有这样的情形，许多经营者来自大学和研究所，并没有管理的经验，金融机构很难对他们的信用状况和管理能力进行调查。所以，就人格化信息而言，中小企业和金融机构及投资机构之间存在着严重的信息非均衡。

前面，我们从人格化信息和非人格化信息两个方面，对中小企业严重的信息非均衡产生的原因作了阐述。中小企业这一独特的信息特征导致了中小企业严重的融资困境。当前，中小企业的融资困境已经成为全球中小企业发展中普遍存在的问题，并成为其进一步成长的主要障碍之一。国内外许多学者对这一问题作了深入阐述，从信息非均衡条件下所产生的逆向选择和道德风险角度入手，建立了信贷配给模型。该模型论证了信息

非均衡的存在，将会导致信贷配给。王宣喻、储小平则结合资本市场的层级结构和信息不对称建立了转轨时期私营企业融资的模型。他们认为，资本市场根据计算融资风险所需的信息量的多少，自发地生成一种自我甄别装置，并形成了市场的层级结构。中小企业的信息特征决定了其很难在高层级的资本市场上成功融资，民间借贷方式成了众多中小企业的选择，但民间借贷的借贷规模小、借贷期限短等特点，则很难完全满足中小企业的资

金需求，因此陷于融资困境就在所难免。罗正英认为，中小企业财务信息不健全导致的信贷市场信息不完全，是制约中小企业融资能力的直接原因；资本市场的信贷配给是中小企业所不可逾越的机制约束。大多数的研究表明，中小企业严重的信息非均衡限制了融资能力。不过，这仅仅是问题的一个方面而已。中小企业的财务活动可视为一个系统活动，融资能力所受到的约束又影响到其他财务活动。企业的投资项目因为无法筹集到所需的资金而被迫放弃，在商业机会稍纵即逝的市场环境中，这就可能意味着企业失去了进一步成长的机遇。受融资缺口的影响，中小企业的投资决策呈现资本约束性的特征。

二、风险等级异质性与中小企业财务

风险等级就是一个企业或者一个投资项目的未来投资收益具有特定的风险折现率。风险等级类似概念的提出最早可以追溯到 Modiglian 和 Miller，他们认为风险等级是"某类公司所产生的不确定流量的期望值的市场资本化率"。Modiglian 和 Miller 为论证 M-M 定理的需要作了风险等级同质性的假设。这一假设结合完全市场等假设得出了著名的"资本结构无关论"，即任何企业的市场价值独立于资本结构之外，是其期望收益与风险等级所对应的风险折现率的比值。根据这一结论，任何企业，只要其他条件相同，即使资本结构不同，其价值也都是一样的。

深入分析"风险等级同质性"假设，我们可以看出其分析框架源于新古典经济学的分析传统，即企业的同质性假设。刘刚认为，同质性假设主要包括三个方面的内容：一是生产要素市场的完全竞争性；二是企业之间的模仿是无成本的；三是企业对未来的预期是完全确定的。也就是说，市场中的企业是完全同质的专业化生产者，任何企业不可能获取长期的"市场租金"。而事实上，企业之间广泛存在着长期的利润差异。基于此，刘刚提出了企业的异质性假设。企业的异质性假设的基本含义包括：第一，企业是一个历史的不断内生成长和演化的有机体，企业在成长中所积累的核心知识和能力是独特的和有价值的；第二，企业的核心知识和能力作为企业的关键性生产要素是非竞争性的和难以模仿与替代的，既无法通过市场公开定价和获得，又使其他企业的模仿和替代行为面临成本约束。我们应用企业的异质性假设分析中小企业风险等级的异质性及其财务特征。从总体上看，中小企业风险等级的异质性，主要体现在两个方面：一是不同成长阶段的异质性；二是不同企业之间的异质性。

根据演化经济学理论，中小企业作为历史演化的有机体，要经历研究开发、创业、成长、成熟等发展阶段，每一个成长阶段在生产、规模、风险、信息、资金需求量、资金类型、融资策略等方面都依赖于该成长阶段特定的历史和空间条件。在这样的历史和空间条件下，中小企业的风险等级表现出路径依赖的特征，在不同的发展阶段，其风险等级是不一致的。研究开发阶段是指处于创意或开发研究阶段，尚无正式的产品，无销售收入，无正式的销售渠道。这时的企业主要面临三个方面的风险：一是技术不成熟的技术风险；二是能否开发出产品及产品能否被市场所接受的市场风险；三是管理风险。许多中小企业的经营者没有从事企业管理的经验，尤其是一些科技型中小企业的创业者，他们往往来自大学或者研究所，其专业是从事科学研究，大多没有管理的经验，因此企业的管理风险很高。在创业阶段，企业已经开发出产品，并向市场推销新产品。这一阶段产品开发、技术等风险仍然很大，品种单一、策略单一、组织机构简单。这时的企业对资金的需求量显著增加，主要用于一些小型设备的采购，并满足产品的市场需求，有时甚至需要注入大笔的资金。然而，其高风险性决定了银行等追求稳健经营的传统金融机构不可能提供信贷。与此同时，企业的规模过小，也无法满足上市融资的条件。因此，许多中小企业转向寻找风险投资。风险投资往往投资于具有高成长性的高新技术企业，对于许多传统的中小企业，风险投资是遥不可及的。因此，个人资本和民间借贷仍然是其主要选择。但是，这两类资金来源的小规模、短期性等特征，无法支撑起整个企业成长所需要的资金，因此，企业所面临强有力的资本约束，并可能导致企业的迅速破产。

成长阶段的中小企业已经初具规模，技术风险较低，经营风险和市场风险逐渐降低，企业逐渐形成核心能力，随着市场的拓展，企业的盈利额迅速增加，但同时面临着生产规模的扩大，市场的进一步开拓，产品质量和经济效益的提高，管理的完善等诸多问题。这些问题无疑加剧了中小企业的风险性。生产规模的盲目扩张，产品质量的下滑，管理的混乱，都有可能阻碍中小企业的进一步成长。这些问题的解决需要大量的资金投入，如果此阶段得不到持续的资金供应，就会失去高速成长的机会，甚至有可能停止增长，或被其他公司合并或收购。中小企业跨入稳定发展的阶段以后，其风险等级才会接近于传统的大企业。从中小企业的成长规律来看，其成长过程是企业与外部各种因素动态相互作用、信息非均衡程度不断降低、风险不断释放的过程。一般地，成长的初期阶段风险等级最高，随着中小企业的快速发展，风险等级逐渐降低。

中小企业的风险等级普遍要比大企业高，各国中小企业的低成活率便是一个例证。中小企业的高风险性源于该类企业的产品和劳务大都是创新企业，或者是在生产技术方面，或者是在管理技术方面，或者是在产品的用途方面。中小企业的高风险主要体现在以下几个方面：

（1）市场风险。企业开发出的产品能否被市场所接受，什么时候接受，以及该产品的扩散速度、竞争能力都存在不确定性。因此，存在营销失败的可能性，也就是企业的市场风险。

（2）技术风险。将新技术转化为现实的产品或劳务具有明显的不确定性，存在着因技术失败而造成损失的风险。另外，还存在着其他新技术、替代技术的产生，使现有技术急剧贬值所带来的风险。

（3）知识产权被侵犯风险。如企业科技人员投入大量的资金、物力等取得的技术、发明、软件程序等得不到法律的保护，在推向市场后被其他企业仿冒、侵权，市场将会很快饱和，研制该产品的企业或科研人员很快便会无利可图，甚至连研究开发费用都收不回来。

（4）财务风险。如果其规模与效益、投入与产出等不能匹配，产品销路不好，就不可能产生稳定的现金流；当企业债务融资过多、融资成本过高时，容易产生财务危机，形成财务风险。

中小企业风险等级的异质性还体现在不同的中小企业之间。

风险等级的差异一方面源自外在的市场结构。新古典经济学和产业经济学主要侧重于探讨外在的市场结构如何对企业的风险等级以及利润产生影响。当不同的中小企业处于不同的行业时，它们将面临不同的市场结构，根据波特提出的五种竞争力模型，在不同的行业中，企业所面临的市场竞争态势是有差异的，这就对企业未来的不确定性收益产生不同的影响。因此，我们可以发现，中小企业往往呈现出一定程度的行业分布特征。据有关研究表明，我国大部分中小企业分布在中低进入壁垒行业，与其他行业相比，这些行业中的中小企业呈现出更高的成长性。日本中小企业的行业分布也呈现出类似的特征。从企业数量上看，日本中小企业主要集中在商业（43.05%）、服务业（26.7%）、制造业（11.16%）和建筑业（9.96%）。行业分布是不同中小企业对不同进入壁垒和风险等级的适应性表现。一般地，进入壁垒愈高的行业，中小企业在行业中生存和发展的空间也就愈小，企业的风险等级也就越高。风险等级的异质性还源自企业内部核心知识和能力的差异。Penrose 认为，企业在成长和演化过程中知识积累的这种独特性决定了不同企业组织经济活动的效率水平。他将企业内生性知识和能力的积累看作是企业竞争行为的基础及其利润的来源。从风险等级和企业生命周期的关系角度看，风险等级也在企业的成长和演化过程中发生变化，呈现出路径依赖的特征。毋庸置疑，风险等级必然与各成长阶段的历史和空间条件有关联性。但同时也必然与各成长阶段中独特的知识积累有关联。Alcan 认为企业知识积累及其适应、模仿和试错活动对企业竞争行为和不确定性有一定的作用。在不确定性条件下，中小企业的企业家才能和专家的知识相结合，可以减少财务决策失误的可能性，在辨识风险、采取对策等方面有着比其他企业更多的经验和优势。而在瞬息万变的商业环境中，风险管理的能力恰恰是中小企业可持续发展最重要的保障。因此，有一些中小企业的存续时间很长并能发展成大企业，而一些中小企业却无法继续成长。许多管理学家和经济学家认为，中小企业的核心知识和能力的差异是不同企业成长性差异的最重要的原因。而核心知识和能力的差异则在于知识和能力的非竞争性、难以模拟与替代性。其他企业要对成功企业的知识和能力进行模仿，面临着强有力的成本约束。因此，即使处于同一行业的中小企业，它们的知识和能力也是不一样的，对企业所面临的各种风险的管理能力也是千差万别并呈现出不同的风险等级。

第二节 中小企业财务管理的内容

　　财务管理是一项涉及面极广的综合性管理活动。不同时期、不同企业的财务管理在内容、方法、原则等方面都会有较大差异。中小企业严重的信息非均衡和风险等级的异质性，决定了中小企业与众不同的财务特征并反映在企业日常的财务活动中。财务活动本身貌似纷繁复杂，但透过现象的背后，我们还是能够把握其内在规律性的东西，即财务本质。为了更好地理解中小企业财务管理的基本内容，首先要分析中小企业的财务本质。

一、中小企业财务的本质

　　在分析中小企业财务的本质之前，我们先对财务本质的研究现状进行简单评述。财务本质问题，是财务理论研究中一个最基本的问题。对财务本质认识的角度、深度不同，直接影响到对各种财务问题的理解。然而，财务本质是深藏在各种纷繁复杂的财务现象背后的规律性的东西，它规定了财务区别于其他经济领域的独特性，反映了财务自身所固有的规律性，并具有客观性和相对稳定性。由于不同学者对财务现象的理解不同，就形成了对财务本质的不同认识。

　　刘贵生认为，可以将我国学术界从新中国成立以来到 20 世纪 90 年代初这段时期内所提出财务本质的各种观点归为两大类：资金运动论和分配论。资金运动论又可以细分为资金关系论、价值关系论、货币关系论、货币资金运动论等几种略有差异的不同观点，这些观点认为企业财务的本质是指企业再生产过程中的资金运动及其所形成的经济关系。分配论则认为，企业财务的实质是以企业为主体所进行的微观价值分配活动，以及这种活动中所形成的经济关系。该观点将整个财务活动视为一个分配范畴，即生产要素的分配和生产成果的分配。干胜道从所有权和经营权相分离的角度出发，研究提出所有者财务与经营者财务论。所有者财务是以所有者为主体，对所有者投出的本金和收益进行监督和调控，以实现本金最大增值为目标的一种分配活动；经营者财务，是财务代理人利用其控制权，对委托或授权其经营的资本以及由此形成的企业法人财产，以经营效益最大化为目标，所进行的一系列筹资、投资和分配等活动，以及所体现的责权利关系。该观点吸收了西方"两权分离"理论的成果，反映了现代公司的产权特征。在此基础上，有学者提出了财务本质是资本受托责任，即由于资本所有权与经营权相分离，资本经营者受托出资者委托的资本时，所必须承担的维护资本所有者权益、实现资本保值增值的责任。伍中信从现代产权理论入手，从财权角度论述了现代财务的本质。他认为财务管理不是简单的对资金运动的管理，而是借助于资金运动的管理实现产权管理，是"价值"与"权利"的结合。不管是资金运动还是本金运动都只是一种价值的运动，在现代企业制度下，某种支配这一价值的"权利"则是隐藏在"价值"背后的更为抽象、更为实在地带支配能力的本质力量。"财权流"的提法是以产权与财权的关系为基础，从价值与权利的结合上来探讨财务的本质。

从理论界对财务本质理论的发展过程来看，经历了资金运动——价值运动价值和权利相结合的认识过程，在这一过程中，财务本质被逐渐揭示出来。但是，目前学术界关于财务本质的探讨大多以现代企业为研究对象。大多数学者认为，现代企业最主要的特征是所有权和经营权的两权分离。无论是经营者财务论、所有者财务论，还是资本受托责任观以及后来提出的财权流的观点，都是基于现代企业的产权特征。而大多数中小企业则恰恰不符合这一产权特征。大多数中小企业的所有者同时也是经营者，并不存在两权分离以及由此导致的受托责任问题，企业决策权集中于所有者，这也可以从中小企业内部独特的信息特征可以看出。因此，用"财权流"和"所有者财务、经营者财务"的观点来理解中小企业财务的本质是不合适的。当然，如果中小企业本身的产权尚未明晰，像一些红帽子企业，那就另当别论，要理解这些企业的财务本质，的确需要借助产权理论的一些分析方法。而对于两权合二为一、产权清晰的中小企业而言，产权理论在理解财务本质方面并不具有理论优势。近些年来，虽然产权经济学等新制度经济学流派风靡经济学界，但它并非可以用来解释所有现象。我们认为用"价值运动"来理解中小企业财务的本质是比较合适的。从企业组织的历史沿革可以看出，企业组织经历了从独资企业、合伙企业、公司制企业的变迁，而这一变迁真正诱因在于价值的驱动。从本质上看，市场中的企业可以视为价值驱动的契约模型，而财务活动作为企业内在的活动也必然受到价值的支配。从企业成长的生命周期看，中小企业从创业期到成长期再发展到成熟期的内在驱动力还是在于价值，企业的财务活动是为企业的价值活动服务的，并贯穿于企业的价值链之中。一旦权利被事先界定好，它就成了价值活动的外生变量，而不再是其支配作用的变量了。对于产权明晰的中小企业而言，其财务本质就是价值创造的活动。

二、中小企业财务管理的内容

美国管理大师西蒙认为，"管理就是决策，决策贯穿于管理的全过程"。这句话道出了管理的本质。据此，我们可以总结为：中小企业财务管理的核心内容就是财务决策，财务决策贯穿于中小企业的整个财务活动过程。就一般状态的中小企业而言，财务活动即价值创造活动的具体表现通常有融资活动、投资活动和营运资本管理活动等三个方面。因此，财务决策就可以分为融资决策、投资决策和营运资本管理决策等三个方面，但决策需要一系列相关信息，信息则来自中小企业的理财环境。

（一）中小企业理财环境的理性分析

战略学通常把企业环境分为宏观环境、行业环境和内部环境。

中小企业的决策者需要收集和分析由这三个层面的环境所释放出来的信息，以期为中小企业的财务决策提供相关性、及时性、可靠性的信息。威廉姆森指出，决策者收集信息的过程是追求主观理性的过程并以效用最大化作为行为目标。西蒙也认为经济人总是"蓄意要有理性"。根据战略学的观点，中小企业进行环境分析的过程，即追求主观理性的过程大体可以分为四个环节：搜索、监测、预测和评估。搜索包含了对各层面理财环境总体上的研究。

通过搜索，企业能够辨认出企业所处理财环境潜在变化的早期信号，以期为下一步调整自己的融资和投资策略做好准备。监测是指企业继续观察环境的重大变化和趋势，判断不同环境中所发生重大事件的含义。监测往往在搜索所定位的领域里进行。一些行业与经济周期的相关性特别明显，处于这些行业中的中小企业要特别需要监测经济的总体态势，以制定下一步的投资策略。预测主要根据搜索和监测所观察的信息资料对将来的变化或趋势做出预测分析并得出一个合理的结论。评估的主要目的是判断趋势或变化对企业理财的方式、范围、策略等造成重大影响的时间点和重要程度。通过搜索、监测和预测，企业应该能够了解到大体环境。

评估就是在前面分析的基础上，衡量这些趋势或变化的影响程度。但中小企业对理财环境的理性分析要受到一系列因素的约束或限制，这主要是指信息成本的约束。西蒙提出了"受到了限制的理性思考"的观点，即有限理性观。该观点包含两层意思，即信息复杂性和信息不确定性。信息复杂性源自个人或者团体信息分析能力的有限性，以及信息本身的特征即"在信息被获得以前，不可能知道正在被购买的是什么；但一旦该信息的潜在用途被得知，也就没有购买的必要了"。信息本身的特征也解释了顾问服务公司在现实生活中得以生存的原因，由于通过市场进行直接定价，所以需要借助企业组织这一间接定价机制来完成信息的交易。为了收集决策相关信息，中小企业要么自己直接收集，要么借助顾问服务公司间接收集信息，但两种收集方式都面临着成本的约束，中小企业主观追求理性的行为驱使它选择成本最小化的方式。信息的复杂性还与知识的独特性、难以模仿性、因果关系模糊性有关。许多核心知识和能力的形成是成员个体相互依存和作用的结果，具有社会复杂性、整体性的特征。某一现象的产生是诸多知识和能力综合作用的结果，企业很难分清哪是因哪是果。有限理性观的另外一层含义是指，信息的不确定性。中小企业的决策者不可能收集到完全的信息，无法完全预测到企业未来所面临的情况，在许多时候，企业仅仅可以根据现有的信息计算出或然率。

由于受到信息成本的约束，中小企业的财务决策通常是在不确定性条件下做出的。与大企业相比，中小企业要受到更强的成本约束。这既有外部环境的影响，也有企业自身资源条件的限制。中小企业缺乏高级管理人才，很少有人受过专业的训练，因此他们对信息的解读能力比较差。此外，资本约束也阻碍了中小企业对理财环境的理性分析。企业没有足够的资金推行企业的信息化建设，也无法出高价聘请经验丰富的顾问服务公司。因此，中小企业的财务决策所面临的不确定性因素要更多，这无疑增加了企业的风险等级。

（二）中小企业财务管理的内容框架

中小企业的财务决策者根据理财环境的理性分析结果，做出一系列财务决策，并采取相关的财务战略和策略。

1. 中小企业的财务战略

学术界对战略所下的定义不下几十种。如安索夫认为战略研究产品与市场之间的内在联系，以把握企业的运营方向、选择企业发展的新使命；安德鲁斯认为，战略是经营决策模式，它决定和解释企业的目的和目标，提出重大经营方针和计划；贝孜和埃德雷奇则认为，战略是组织投入其资源实现其目标的指导哲学。尽管战略的定义各有差异，但大多突出了战略的一些基本特征：长期性、全局性、相对稳定性；预先性、适应性的谋略；对企业发展有决定性的影响；战略的本质在于形成独特的自我创新机制。

财务战略是战略学理论在财务领域的应用和延伸。财务战略既有一般战略的某些共性，又有自己的特殊性。财务战略的独特性在于它所关注的对象是企业价值创造的活动，其外在表现为企业资金长期均衡有效的流动，即资金来源和资金占用的合理匹配以及资金尽可能多地增值。刘志远、刘超给财务战略作了如下的定义：为谋求企业资金均衡有效的流动和实现企业战略，为增强企业财务竞争优势，在分析企业内、外环境因素对资金流动影响的基础上，对企业资金流动进行全局性、长期性和创造习惯的谋划，并确保其执行的过程。中小企业严重的信息非均衡、高风险等级决定了其财务战略的独特性。

中小企业财务战略最重要的特点在于相对灵活性。中小企业弱小的市场地位使它很难通过行动影响市场环境，相反只能适应大企业所引领的潮流。中小企业的财务战略只能是一个粗略的、大致的、较短期的行动纲领。但中小企业的灵活性战略并不是消极的战略；相反，企业可以利用自身的灵活性，弥补在规模经济上的劣势。在变革环境中，如市场需求的变化、技术的更新换代等，大企业较高的机械化水平等沉淀成本增加了企业的转换成本，而小企业则可以应用较小的代价实现产品转移。面对瞬息万变的商业环境，中小企业灵活的组织机制也可以更快地做出反应。中小企业财务战略的另一个重要特点在于集中性战略。集中性战略最早是由波特在《竞争优势》一书中提出来的，所谓集中性战略是指主攻某个特定的顾客群、某产品系列的一个细分段或某一个地区市场，从而以更高的效率、更好的效果为某一狭窄的战略对象服务。中小企业受管理人才和资本等资源条件的约束，不可能面面俱到，只能将有效的财务资源集中于某一个重要的方向，因为战略的实施需要企业的一系列知识和能力加以管理，超出自身资源条件的战略计划是无法得到有效实施的。此外，中小企业受信息成本的约束，不可能获得制定战略所需的全部信息，因此需要在信息不完全的条件下对变革环境做出创新性、适应性的反应。

2. 中小企业财务决策、财务战略和策略选择

中小企业的财务决策贯穿于整个财务活动过程中，并形成企业日常战术性的财务策略。财务决策根据决策对象的性质和内容的差异可以分为融资决策、投资决策和营运资本管理

决策,并相应地形成融资策略、投资策略和营运资本管理策略。一般认为,战略是全局性、长期性的谋略,而策略则可以视为战略的具体化、细致化,是战略在企业日常经营活动中的具体执行。为了分析问题的需要,本书将财务战略和财务策略融为一个整体进行论述。

由于无法获取规模经济带来的好处,中小企业的利润通常无法与大企业相媲美,弱小的市场竞争能力使它们不得不选择在大型企业的缝隙中生存,企业的生存只能依赖于大企业主导下的产业分工链条。在这一产业链条上,中小企业往往处于谈判的弱势地位,这也是由社会的谈判规则所决定的,谈判的主动权以及规则的制定权往往由拥有或控制更稀缺资源的一方所掌握。我们可以发现,大多数中小企业都是靠微利生存。如何保证既有的微利,中小企业可以借鉴一下精细化财务管理策略。所谓精细化财务管理策略就是以"细"为起点,做到细致入微,对每一岗位、每一项具体的业务,都建立起一套相应的工作流程和业务规范,并将财务管理的触角延伸到公司的各个生产经营领域,通过行使财务监督职能,拓展财务管理与服务职能,实现财务管理"零"死角,挖掘财务活动的潜在价值。具体地说,要达到精细化财务管理的目的,必须从优化融资活动、投资活动、营运资本管理活动等方面入手,采取相关的财务策略,做到优化资本结构和降低融资成本,确保和提高投资收益,保持营运资本的顺畅流转等。当然改善财务管理手段、更新财务观念是上述财务策略得以实施的必要前提。

企业的融资活动是为投资项目或者日常经营筹集所需资金的过程。融资战略主要解决中小企业中长期内资金筹集的规模、渠道、方式、结构、时机等问题。融资规模的战略是关于中小企业在一定时期内融资总额的战略决策。融资规模要求经济合理。融资不足则会导致资金短缺,无法满足投资项目和日常经营的资金需求,造成生产萎靡和效益下降。融资规模过大,则会导致资金的闲置和浪费,无法充分利用有限的资金资源,同样也会损害中小企业的长期发展。确定中小企业合理的融资规模需要考虑以下几个方面:企业资金需要量及资金缺口;投资规模和投资收益;融资难易程度及融资成本的高低;经营能力及管理水平。融资渠道和方式是指取得资金的来源和具体获取方式,一般认为企业可以选择的融资渠道有内部融资和外部融资两种渠道,而每一种渠道又有多种融资方式,如股票、债券等融资方式。但由于中小企业的财务特质,这些融资渠道和方式的选择受到诸多限制。融资结构主要是指不同融资渠道和方式的合理安排,以保证企业财务既有稳定性又有一定的灵活性,同时,保证企业在享受节税收益的同时将财务风险控制在可以接受的范围内。融资时机的本质就是融资弹性问题,中小企业需要根据自身情况、外部融资环境的变化以及企业未来预期的融资情况及时更新和选择融资方案,使企业在享受较低融资成本的同时能够在可预期的一段时期内继续保持融资能力。然而,由于中小企业的融资能力普遍较差,融资时机的选择会受到一定程度的限制。严格意义上说,融资策略主要解决融资的具体方法如何选择和运用的问题。不过具体财务决策总是将融资策略和战略结合一起进行的,财务策略的选择需要依据既定的财务战略。财务战略也需要根据策略实施的效果做出修正,许多战略的问题归根结底也是策略的问题。关于融资策略的分类,熊楚熊认为,企业的融资策略可以分为控制财务风险的策略和利用财务风险的策略。而每一种融资策略又可以细分为多种具体的融资方式。

企业理财中所指的投资是一个非常宽泛的概念。若从企业的资产负债表的角度来考虑，投资主要涉及资产方，决定了企业投资于哪些资产。投资于不同的资产，其流动性的强弱、风险的大小、收益的高低是不同的，因此不同的投资政策就形成了不同的资产结构。总的来说，企业的投资可以分为实物投资和金融资产投资。中小企业的投资战略主要解决企业投资领域、方式、规模以及时机等问题。

中小企业的投资领域战略，主要解决如何在不同流动性的资产之间、企业内部和外部、不同行业之间分配有限资金的问题。投资方式战略主要是指企业以哪种方式进行投资的问题，这些投资方式包括存货、固定资产、无形资产和货币资金，等等。这同时也是一个策略问题，企业应当根据自身情况和各种方式的价格水平、流动性等选择投资方式。投资规模战略则是企业如何控制总体规模以及具体投资项目规模的问题．企业应当根据具体项目的投资风险和收益以及企业现有的现金流选择合适的投资规模。投资时机的选择要求中小企业根据宏观、行业以及内部环境的现状以及变动趋势选择合适的时间，尤其在准备投资一些周期性行业前，企业必须对宏观环境的走势作准确判断，然后选择一个合适的出击时机。

营运资本是流动比率的另一种表达方式，反映了流动资产和流动负债的绝对关系。从广义上看，流动资产是企业流动性投资的存量形态，流动负债则是企业短期负债的存量形态。因此，企业的营运资本管理活动本质上也是一种投融资活动。然而，由于营运资本具有与长期负债、长期资产显著差异的风险和收益特征，因此有必要单独讨论营运资本的管理活动与企业价值之间的相关性。营运资本的结构配置（包括存量配置和流量配置），可以衡量企业的财务风险和短期资本的营利性。营运资本管理的原则就在于最优化营运资本结构（存量和流量），在营利性和流动性之间做出合理的权衡，以追求最低的机会成本和短期融资成本满足企业日常的经营活动，从而有效地创造企业价值。对于中小企业而言，营运资本管理恐怕是最重要的环节了，也是精细化财务管理最"细致"的地方。与大企业相比，中小企业的融资活动和投资活动并不那么频繁，相反倒是营运资本管理活动的地位凸显重要了，它也是中小企业最能表明其财务管理能力的环节。中小企业的财务人员需要结合实际情况将财务管理的内容细化、分解、再整合，并辅以完善的财务管理和财务控制制度。中小企业的营运资本管理活动需要将财务融入日常的价值链中去，并服务于整个价值链，从而与价值链协同发展，如及时主动将生产经营相关数据反馈给公司领导和生产运输部门，客观揭示企业经营的全貌，为企业经营决策提供依据，确保经营方向的正确。

第三节　中小企业财务管理目标体系

西方财务理论界对企业财务管理目标进行了深入的研究,并提出了多种理财目标理论。长期以来,学术界很少从中小企业的财务特质出发研究中小企业财务管理的目标。那么,中小企业的财务管理目标是否与大企业的一致呢?这正是本节所要探讨的问题。

一、现代企业财务目标理论

无论是中小企业财务管理本身的要求,还是研究理论问题的需要,目标都是中小企业财务管理理论的组成要素之一。如果中小企业财务管理没有一个明确的目标体系,那么如何运行就变得无所谓了。20世纪50年代之前,学者一般认为企业是以追求利润最大化为财务目标的经济实体。50年代,随着西方财务经济学理论的创立和企业制度、治理结构的不断发展与更新,学术界提出了与传统的利润最大化目标不同的诸多观点。目前,有关企业财务目标的观点不下二十余种,下面简单介绍几种主要的观点:

（一）企业利润最大化

以利润最大化作为企业目标,是19世纪初发展起来的。那时企业的组织形式比较简单,由于当时资本市场极不发达,企业的资本结构也很简单,其资本结构的特征是私人融资、私人财产和独资形式,此时企业的经营者和所有者是合一的,其生产经营的唯一目标就是增加私人财富。因此,从历史发展的观点来看,最初的企业财务目标模式是企业利润最大化,即以利润总额的大小来确定企业距离目标的远近。这种观点认为,企业是营利性的经济组织,利润代表企业新增加的财富,利润越多则企业增加的财富越多,越能体现出企业的本质,而利润作为社会扩大再生产的基础,利润越多也表明企业对资源的利用越合理、对社会的贡献越大。

（二）股东财富最大化

目前,在财务理论界最流行的观点是企业经理应当以股东财富最大化作为企业的财务目标。在这一目标模式下,企业接受的所有投资项目的收益率应当高于资本成本,更复杂的资本成本是从资本资产定价模型中推导出边际成本,从而能处理多变的风险投资项目。由于权益融资成本的波动性和股利的个人所得税,股东保存盈利似乎很少当作股本来计算资本成本,从而会引起在这种股东财富最大化的目标模式下,经理会更偏好通过保留利润即通过内源融资的方式进行融资,而不是通过发行股票进行权益融资。在考虑股东财富增长率时,经理人员也会更多地利用财务杠杆以增加股东的收益,但如果过度地利用财务杠杆,则不可避免地会增加企业的风险。如果过多地利用企业净利润发放股利,公司的财富增长就会受到影响。因此,企业经理一般是希望保留足够多的利润,这也是股东财富最大化的重要财务策略。如果单纯要求股利最大化，则会引起过度的利润分配，可能导致企业追求短期利益和过度利用财务杠杆，增加企业的风险，甚至会导致企业破产。

（三）企业价值最大化

企业价值最大化是财务经济学理论文章最经常采用的目标模式，这一目标也被实务界所接受。这一目标的起源是著名经济学家莫迪格利安尼和米勒提出的 M-M 定理，在一定的条件下，企业价值最大化与企业股东财富最大化是等价的，所以这一目标模式性质和特征与股东财富最大化基本上是相同的。契约理论认为，企业是一组契约关系的组合，实际的和内涵的合同是企业组织中的各种成员（经理人员、雇员、股东、债权人）的作用具体化，并且规定了他们的权利、义务和在不同条件下的收益。大多数成员要求有限的风险和固定的收益，企业股东则承担剩余风险。虽然契约减少了企业内部利益的冲突，但他们不能完全杜绝组织内因所有权与控制权分离而产生的潜在的冲突。这就要求企业的财务目标不仅要与股东的利益一致，而且要兼顾与企业有利害关系的各种利益集团，只有企业市场价值最大化作为资本结构的优化目标，才能达到这一要求。

（四）经理人员利益最大化

在一些企业中，特别是在所有权与经营权分离的情况下，企业的经理人员有可能不以股东利益最大化为目标，而是追求经理人员个人利益的最大化。例如，丰厚的报酬、舒适的生活、个人职务的升迁、可支配资产规模的扩大等。因此，在财务理论界也有许多人提出企业是以经理效用（利益）最大化的目标来经营企业。这种目标模式被称为"经理利益最大化"模式。这一模式的提出是根据贝洛和米恩斯在《现代公司和私有资产》一书中提出的经营者实质上控制了股份制企业。这一模式正在改变之中，其发展趋势是最终回归到有条件地限制股东财富最大化或企业总价值最大化。

（五）相关利益者利益最大化

该目标模式认为，企业经理人员是为企业相关利益者利益最大化服务。相关利益者主要包括：股东、债权人、企业职工、顾客和供应商以及其他相关的利益者，这种模式在20世纪90年代初在美国已有二十多个州的立法支持。传统的公司法规定经理仅仅对股东财富最大化负责，但是修改后的美国公司法，突出公司经理对公司的长远发展和全部利益相关者实行负责。这种模式，可看作在权衡相关者利益的条件下的股东财富最大化，在等价条件下，可以看作权衡相关利益者利益的企业价值最大化。我国企业界较早提出的"国家、集体、个人利益兼顾"的目标，与该目标模式极为相似。因此，在我国企业普遍推行这种目标模式的财务目标，比其他的目标模式更为适合。

（六）竞争目标

一些经济与管理学者认为，企业要想在激烈的竞争中求得生存和发展，必须赢得客户，保持相当的市场占有率，或者在市场竞争中保持优势地位。企业为了获得顾客和保持竞争优势，短期内甚至可以不以营利为目的。而从长期来看，企业是自利与他利的结合，必须在不断满足消费者需求的条件下，才能获得生存和发展。因此，企业应将自利与他利结合起来，看重长期利益，而不能单纯追求最大利润。

（七）社会责任

这一观点兴起于 20 世纪 60 年代末期。这种观点认为，企业总是存在于一定的社会关系中，必然与其他相关利益者（如职工、政府、社区、消费者、供应者、竞争对手等）发生各种相互作用。在市场经济条件下，企业是按照两种契约原则——利益原则和社会原则——由不同利益主体组成的契约组合。企业既要追求经济利益，又受社会责任的约束。为了实现企业的盈利目标，必须考虑应承担的社会责任和社会目标。当前已有越来越多的人认为，企业不是孤立的经济实体，而是社会大环境中的一分子，因此，企业应当承担部分社会责任。

二、中小企业财务目标的有效性

财务目标是财务活动的出发点与最终归宿，是企业财务活动所要达到的根本目的。财务目标在现代企业财务管理中具有重要的作用，企业的一切理财活动都离不开财务目标的指导与约束。中小企业财务目标对中小企业成长的重要性也是如此。不过，这也需要有一个前提，即财务目标的有效性，只有有效的目标才能发挥预期的功能。

（一）有效财务目标的功能分析

一个有效的财务目标应当具有两个方面的功能：

1. 导向与约束功能

有效的财务目标应当能够引导与推动企业开展积极的财务活动，处理好利益相关者之间的财务关系，并与企业的目标保持一致。财务一方面为企业的经营管理提供相关的辅助决策和监测职能，另一方面又直接表现为一定的财务状况和经营成果。财务目标只有与企业的总体目标保持一致，才能发挥积极的作用。当企业在不同发展阶段的目标发生改变时，财务目标也需要相应调整。因此，从动态的角度看，财务目标是企业目标体系中居于"支配"地位的"职能化"目标。企业目标往往就等价地表达为财务目标。财务目标的导向性与约束性其实是一个问题的两个方面，为了保证财务目标与企业目标的协调性，还应当约束可能偏离目标的财务活动，如投融资决策是否有悖于企业的发展目标，各部门的财务决策是否与财务总目标协调一致，等等。

2. 评价功能

财务目标的实现与否以及实现的程度如何，是评价财务工作的最终标准。王庆成等指出，理财目标的研究，既要能为企业理财提出明确的方向，又要有可操作性。可操作性包括可计量性、可验证性、可控制性。只有具有可操作性的目标才能具备评价功能。如企业要从备选方案中选择合适的投资方案，首先要有一个评价标准。这个标准即为是否能够实现财务目标，并在此基础上衍生出指标评价体系。对于企业的融资方案选择、日常营运资本管理的绩效考核，同样需要依据财务目标加以评价。财务目标只有较好地发挥了导向与约束功能以及评价功能，才能使企业财务处于一个良性运作的状态，企业的发展才具有可持续性，这样的目标才被认为是有效的；相反，在指导实践过程中，若目标起了误导理财的作用，则财务目标会导致企业的"短期行为"，这使目标功能的作用效果走向了反面。可以说，财务目标是构建财务理论的重要组成要素，许多学者坚持的财务目标起点论认为，财务理论只有确定合理的目标，才能实现高效的财务管理，才能演绎出整个理论体系。财务目标起点论的合理之处正在于财务目标的两大功能对构建财务理论体系的基础作用。

（二）"企业价值最大化"与"利润最大化"

当前学术界的主流观点是企业价值最大化，并对传统的利润最大化目标提出了不少批评。企业价值最大化是指通过企业的合理经营采用最优的财务决策，在考虑货币时间价值和风险价值的基础上不断增加企业财富，使企业总价值最大。一般认为，以"企业价值最大化"作为财务管理的目标，可以克服"利润最大化"目标没有考虑货币时间价值和风险价值，以及过度追求利润最大化使企业财务决策带有短期行为，忽略企业的社会责任等缺点，从而避免收益和风险的脱节使企业营利性和社会责任相统一，因此是企业财务行为的最佳目标。当然，作为上市公司和大型企业来说，企业价值最大化目标得到了大部分学者的一致认可。然而，由于中小企业的财务特质，企业价值最大化或者股东财富最大化作为中小企业的财务目标未必合适，尤其对相当一部分的中小企业是这样的。财务目标作为企业目标的近似等价目标，必须与企业自身的特质相结合。将中小企业的管理行为与大企业的管理行为等量齐观是不合适的，这不仅仅是程度不同的问题。WelshWhte 指出："小企业不是小型大企业。"就财务目标而言，中小企业与大企业是有较大的差异。下面分别对"企业价值最大化"和"利润最大化"两大财务目标在中小企业中的可行性作一下比较分析。

对大部分中小企业而言，"企业价值最大化"目标比较抽象，难以量化和确定。企业价值最大化目标是在西方发达国家的资本市场基本完善的条件下提出来的。企业价值通常用债务的市场价值和股票的市场价值之和来衡量，因此计算企业价值，需要首先计量债务和股票的市场价值。由于大多数中小企业很多没有进行股份制改组，即使发行了股票的中小企业，由于股票不上市流通，市场也无法对企业价值作合理评价，从而使企业在具体指标的量化上没有合理的价值参照系。现在中介市场上有一类专门进行资产评估的机构，尽管这类评估可以提供一定的标准，但它不能作为中小企业日常的衡量标准。因为资产评估是一项浩大的工程，需要评估人员具备较高的专业知识和技能，而这对中小企业来说是相当困难的。企业价值的评估还隐含着一个前提，即市场必须是完善的，价格信息能够反映企业真实的价值。而相当多的学者认为，我国目前的证券市场是相当不完善的，存在着三种严重的制度缺陷，即结构性缺陷、体制性缺陷和功能性缺陷。突出表现为：股票市场和债券市场发展得非均衡；股票市场内部缺乏有效统一的市场体系等；证券市场呈现管制性低水平均衡下的金融资源逆配置；国有企业"父爱主义"向上市公司的移植；证券市场行政化监督对市场运行的扭曲；证券市场基本功能的缺失，社会资源的"帕累托"改进无法得到有效实现；上市公司仅仅形成了公司制的"外壳"，而没有形成公司制的实质和内涵。因此在这样的背景下，即使对上市公司而言，企业价值最大化目标的可操作性也是比较差的，股票和债券价格受各种复杂因素的影响，并不能准确反映企业的真正价值。

这也可以从我国上市公司频发的造假事件看出。当企业可以通过内幕交易、利润平滑等盈余管理手段操纵利润时，企业价值最大化的目标是否具有导向、约束和评价功能是值得质疑的。因此，对相当一部分中小企业来说，企业价值最大化目标的实施成本相当昂贵，可操作性比较差，它并不是一个有效的财务目标。

相比较而言，利润最大化目标比企业价值最大化目标更具有可操作性。可以说，企业价值最大化目标是应公司制企业而产生的。从19世纪中叶开始，随着资本主义原始积累的完成和金融业的兴起，特别是欧美产业革命的完成，制造业的迅速崛起，企业规模的不断扩大，公司制企业应运而生。现代公司制的主要特征是所有权与控制权分离，企业由所有者（股东）进行投资，并由职业经理集团来控制和管理。此外，各种债权人、消费者、雇员、政府和社会等，都是与企业有关的利益集团。在这种情况下，实施企业价值最大化目标是可行和必要的。但中小企业的组织结构和管理行为远比两权分离的公司制企业来得简单，它与外部的利益相关者之间的关系也远没有这么复杂。因此，利润最大化目标恐怕更有效。人们对利润最大化目标的批评主要集中在以下几个方面：一方面，忽视企业的投入产出关系，即股东投入企业的资本与所获取的利润之间的关系，因为当投入股本的规模不同时，所获取的利润的绝对额并无可比性；忽视货币时间价值和风险价值。而在中小企业的实际财务工作中，因为筹资能力和投资额大小的限制，它们没有诸多投资方案可供选择，在很多情况下企业只能通过预期利润的比较来选择投资方案。另一方面，中小企业关心的首要问题是企业的生存，从总体来看，中小企业在市场经济中扮演着相当活跃的角色，但同时也是成活率最低、流动性最强的企业群体，几乎每天都有很多新的中小企业出现，每天又有新的中小企业破产、倒闭。在激烈的竞争中求得生存，持续的获利是中小企业梦寐以求的理财结果。利润能使它在市场中暂时生存和避免淘汰。现有的融资制度决定了中小企业的主要资金来源必然是自有资金和资本积累。因此，利润最大化对中小企业这样的企业群来说具有相当重要的意义，它们在作财务决策时没有考虑货币时间价值和投资风险的内在动机或倾向也是非常自然的结果。

虽然学术界对利润最大化提出了许多异议，但不可否认利润最大化目标的优点：第一，人类进行任何生产活动，都是为了创造剩余产品，而剩余产品的多少，是以利润的多少来衡量的。第二，在自由竞争的市场经济中，资本的使用权最终将属于获利最大的企业。利润最大化是企业获得资本的最有利的条件。取得了资本，也就等于取得了各种经济资源的支配权，有利于社会资源的合理配置。第三，企业通过追求利润最大化目标，可以使整个社会的财富实现最大化。亚当·斯密所极力推崇的"看不见的手"的内在机制就在于每个市场参与主体追求利润最大化的动机。不论是否考虑时间价值，也不论是现在还是将来，不断提高企业利润。追求利润最大化，都是企业生存和发展的基本前提。也只有在这个前提下，才能保证企业资本保值和增值，保证每股收益和现金股利的稳定增长。其实，我们经常用来衡量上市公司业绩的几个指标，如每股收益、净资产收益率等，都可以看见"利润"的影子；我们在经营决策中经常使用的本量利分析法也是基于利润最大化的原则。

因此，有必要用一分为二的观点来看待问题。自然不可否认的是，"利润最大化"目标的确存在许多需要修正的地方，但修正并不意味着就抛弃或者忽视潜在的合理性。罗纳德·哈里·科斯在提到如何解决现有理论缺陷的方法论时，认为解决问题的关键不是另起炉灶，而是在坚持原有分析框架的基础上，重新解释或修正其假设前提。我们应当根据中小企业的特质分别汲取"企业价值最大化"目标和"利润最大化"目标的合理之处，基于可持续发展的视角选择中小企业的财务目标，这一目标应当既可以指引中小企业的成长方向，又具有可操作性。

三、可持续发展的中小企业财务目标

可持续发展观作为一个与传统增长模式截然不同的发展观，是一个内涵非常丰富的概念，它把经济发展同生态环境、自然资源、人口、制度、文化、技术进步等因素联系起来。可持续发展观有三项核心的原则，即发展原则、可持续原则、系统性原则。企业的可持续发展则意味着企业本身的发展和发展能力的维系和不断提高。具体说来，它是指包括企业文化、企业素质、产权结构、组织结构、企业的人力资源、经营理念、经济效益等指标在内的企业系统的不断优化和升级。中小企业的可持续发展是一个整体协调的动态发展过程，其本身是一个涵盖诸多方面的大课题。就企业的发展而言，可持续发展观与演化经济学在本质上是兼容的。演化经济学是一门借鉴生物进化论和自然科学诸多领域的研究成果来研究经济现象和行为演变规律的学科，演化经济学把经济系统看作一个开放的、演化的、复杂的动态系统，其核心研究内容是解释经济变迁。因此，在方法论上，两者是可以相互借鉴和综合运用的。

企业的演化分析是以演化经济学的分析方法对企业的成长所进行的分析，它突破传统的经济理念，坚持长期发展甚于短期边际调整以及增强组织内学习和自我改造的战略思维。刘刚提出了"主导逻辑"的概念，建立了解释企业成长之谜的演化经济学分析框架，认为主导逻辑的推广普及、差异化、知识重组和新的主导逻辑的形成等演进过程，使企业获得持续的成长，所谓的"主逻辑"是指惯例化的企业核心知识。企业初始的核心知识推动了企业的成长并构成企业竞争优势的基础，但核心知识也具有某些刚性，当外部条件变化时，既有的核心知识反而可能成为企业发展的阻碍。这时，对企业的核心知识只有进行更新使其适应环境的变化，才能促进企业的持续成长。中小企业在发展过程中，核心知识和能力具有螺旋式的演进特点，不但继承了原有的良好知识资源的积累，而且随着外部环境的变化向全面、深化、突出核心能力的方向纵深演进，企业也在这知识创新的过程中获得持续发展。

在中小企业成长的演化发展过程中，财务管理制度以及财务技能与知识也呈现出与企业自身同方向的螺旋式演进特征。企业的根本目标应当在于它的可持续发展，财务目标作为从属于企业的职能目标，也应当遵从这一目标。在成长的早期，中小企业的信息非均衡相当严重，风险等级也很高。就企业内部而言，会计信息系统简单，不完善、不规范，财务管理水平不高，决策、计划简单化，缺乏科学性等，在这一时期，中小企业以"利润最大化"作为财务目标可能更具有可操作性和导向性。但这里的"利润最大化"应当是长期持续的利润最大化，绝不是短期的利润最大化。"利润最大化"所导致的短期行为正是该目标受到批评的焦点所在。长期持续的利润最大化在于企业能够通盘考虑现在的盈利与未来的发展潜力，能够为企业的知识创新提供有力的财务支持。"利润最大化"应当包含必要的风险，如在资本充足的条件下，进行多角化经营或者进行投资组合，以及根据市场环境变化适时更新经营观念和经营产品，以使企业适应外部市场条件的变化。通过这些方式，中小企业可以规避不必要的风险，或者获得额外的风险报酬。为了保证长期持续的利润最大化，中小企业有必要修正"短期利润"的评价指标体系，增加一些注重"长期利润"的指标。新的指标体系应考虑现行的财务状况与成果并在一定程度上考核企业未来年度的财务潜力，注重企业理财的"可持续发展"，包括改进"资产净利率"等指标，增设可计量指标如"长期资产净收益率""资本积累率""固定资产成新率"，以及非计量指标"技术装备更新水平""长期发展能力预测"等等，增加几个反映风险水平的指标如"经营风险"指数等。在成长早期，企业的基本目标通常是尽量提高产品的知名度，强化营销管理，扩大市场占有率，尽快在市场上站稳脚跟，为日后的发展奠定基础。为了与企业目标协调一致，利润最大化目标还应当包括现金流转的合理化目标，以满足日后对现金投入的需求。

在企业成长的后期，中小企业已趋向平稳发展时期，企业所积累的核心知识和能力为企业获得竞争优势提供了良好基础。这一时期，产品的供应渠道比较畅通，目标客户群趋于稳定，市场占有率呈上升趋势，企业已具备良好的社会形象。这时企业的财务目标应当考虑获得持久、稳定的利润，并兼顾利润的质量。与此同时，企业还应当注重社会效益，履行与企业地位相称的社会责任，在实现利润最大化的同时努力实现社会净贡献的最大化。从长远的角度看，企业盈利的最大化与社会责任是相统一的。跟成长早期不同，这个时期的企业之所以更注重社会责任，一方面在于企业为了树立良好形象；另一方面，则在于中小企业在成长过程中所积累的知识和能力对财务观念所产生的积极影响。此外，成长后期的企业也更有物质能力来履行社会责任，并通过相关行为提升企业的社会形象，从而获得更多的持续增长的利润。

当中小企业步入成熟期后，企业与企业环境已处于基本均衡状态，其产品销售渠道、销售量以及利润已达到最高峰，企业的利润也逐渐趋于行业平均利润。与此同时，企业的组织管理已基本完善；财务知识和技能在前面积累的基础上达到了最高水平。由于资本约束的弱化，中小企业已经能够和大型企业一样在证券市场或者信贷市场获得较大规模的资金，企业价值评估的成本已经大大降低。企业价值最大化就成了中小企业有效的财务目标选择。对于科技型中小企业而言，在这一阶段，风险资本家的投资得到完全回报，公司的价值得到进一步确认。资本市场对企业股票的评价也从高增长和高评价回落到正常的水平，企业价值最大化目标的导向约束功能以及评价功能可以发挥有效的作用。

综上所述，由于中小企业的财务特质，其财务目标和大企业的财务目标有一定的差异。企业价值最大化目标对于大企业尤其是上市公司的财务目标是有效的，也是可行的。但企业价值最大化对于相当一部分中小企业尤其成长早期的中小企业来说，不具有可操作性。从可持续发展的视角出发，中小企业的财务目标应当根据企业演化的过程分阶段分析，呈现出多重性的特征。导致这一结果最重要的原因之一在于，中小企业在不同的演化阶段，累积的财务管理知识与技能以及所依赖的理财环境是有差异的。从发展的角度看，中小企业在成长过程中所选择的财务目标也经历了利润最大化到企业价值最大化的历程。利润最大化与较低的财务管理知识和技能积累程度以及不完善的理财环境相适应，而企业价值最大化则与较高积累程度以及较完善的理财环境相适应。

第二章 中小企业可持续发展财务观

中小企业可持续发展的驱动力来自企业内外诸多因素。就企业内部而言，财务观念对中小企业可持续发展起到了阻碍或者促进作用。财务观念是中小企业的一种"意识形态"，是中小企业在财务活动的运行过程中所需要秉承的财务理念和价值观，对于中小企业财务的理论和实践起着重大的指导意义。在某种程度上说，财务观念是中小企业开展财务活动并为其选择合适方式和范围的出发点。财务观念很多，并且随着企业财务环境的瞬息万变，呈现出日益复杂的多样性。为促进可持续发展，中小企业应当持有三大核心的财务观念，包括财务成本观念、风险观念和创新观念。

第一节 中小企业的财务成本观

财务成本观是中小企业所持有的有关财务成本的价值观。现代的商业环境中，中小企业是最为活跃也是流动性最强的竞争主体。因此，对于中小企业而言，应树立怎样的财务成本观来支配企业的一系列财务行为，是一个既有一定理论意义，又有一定现实意义的问题。

一、中小企业的可持续发展观

可持续发展的思想由来已久，里约会议结束以来的十多年中，环境、社会学、经济学等各学科都积极探讨了可持续发展的内涵和外延、原则、评价，尤其是指标体系、存在的问题及今后研究的方向。孙太清认为，目前对可持续发展的概念可以从观念形态层次、经济—社会体制层次、科学技术层次等三个层次上展开和深入。

从研究对象和研究方法看，以上三个层次有较大的差异。可持续发展本身的含义包含相当广泛的内容。为了具体分析问题，我们所要研究的中小企业可持续发展属于经济社会体制层次的微观层面。中小企业的可持续发展意味着中小企业发展能力的可持续性、全面性、系统性，突出表现在企业文化、企业素质、产权结构、组织结构、企业的人力资源、经营理念、经济效益等指标的不断优化和升级。从本质上看，中小企业的可持续发展是一个整体协调的动态发展过程。具体地说，中小企业的可持续发展有三个维度，生存、发展和盈利。在中小企业的成长过程中，这三个维度是交替上升的，并没有一个固定的先后顺序。

中小企业的生存是发展和获利的基础。中小企业自从开办之日起就始终处于一种生存与倒闭、发展与萎缩的矛盾之中，时刻面临着同行业的竞争。据美国商务部统计，美国企业的倒闭率在20世纪70年代为2.3%～4.3%，但是到了80年代这一比例却猛增到6%～12%。美国波士顿咨询公司对《财富》世界500强企业的研究表明，即使是世界上规模最大的公司也难逃生存危机的厄运：20世纪50年代《财富》杂志所列的世界500强名单中的近一半企业在20世纪90年代的名单中消失了。这是有关大企业生存率的调查，而与大企业相比，有关中小企业生存率的调查结果更令人吃惊。美国中小企业5年的生存率是40%，10年的生存率不过13%。根据巴西扶持中小微型企业服务中心调查资料显示，2000年来，巴西中小微型企业倒闭率占50%。据英国贸工部的统计资料显示，7%的新建企业在开业6个月内关闭；40%的新建企业在开业6个月后到3年这段时间内关闭，即近一半的新建企业"活"不过3年；企业成立3年后，关闭率逐渐下降，但"活"过6年的只有35%。

我国中小企业的情况也大抵如此，据1986～2000年的有关资料表说明，我国中小企业平均寿命为3～4年，也有不少研究认为我国中小企业平均寿命为2～3年，据此推测，我国中小企业3年存活率究约为30%。因此如何提高生存率对中小企业的经营者来说是一个严峻的挑战。

中小企业的发展意味着经营方式、组织结构、经营效益等评价指标的优化与升级。中小企业是在发展中求得生存的。在瞬息万变的商业环境中，中小企业如果不能发展，不能提高产品和服务的质量，不能扩大自己的市场份额，就会被其他企业排挤出去。中小企业的发展过程实质上是动态能力的演化过程，所谓动态能力即指企业对外部环境变化的反应能力。在一个不确定是唯一确定因素的经济环境中，只有那些能够适时反映技术和市场环境变化，通过对企业内部和外部资源进行有效整合快速和灵活的企业才能得以继续发展。不可否认，中小企业具有先天的不足，如规模小、技术设备落后、资金缺乏、信贷困难、承受市场风险的能力较弱等，这些因素成了中小企业发展中的障碍。但中小企业的能力发展具有路径依赖的演化特征，总是与特定的历史发展阶段联系在一起的。

舒萍指出，新世纪中小企业的新面孔并非仅仅表现为高科技中小企业的脱胎换骨，社会进步对中小企业的冲击是全方位的，因此造成的影响也是全方位的。中小企业已经发生了"质的飞跃"，需要以新目光、新观念去审视的是作为全体中小企业的"新型"，而不只是其中最夺目的"新兴"的那一部分。中小企业从"传统"到"新型"的"质的飞跃"为我们认识中小企业如何发展提供了独特视角。

中小企业是一个以盈利为目标的组织，其出发点及最终目的都是盈利。中小企业的生存和发展最终要体现在盈利上，只有盈利才有生存和发展下去的价值。因此，盈利不但体现了企业的出发点和归宿，而且可以概括其他目标实现程度，并有助于其他目标的实现。财务的本质是企业价值的创造活动，从这个角度看，盈利即企业价值的增加，具体地说，就是使资产获得超过其投资的回报。就这一点看，无论利润最大化目标还是企业价值最大化目标都是一致的；它们最大的争论焦点则在于如何实现盈利，什么是盈利实现的评价标准。我们认为，从企业可持续发展的角度看，中小企业的盈利必须是长期性的、可持续增加的。短期化的盈利目标并不能给中小企业带来可持续的发展。在市场经济中，资产的每项来源都需要花费成本，生产要素的所有者通过向企业投资从而获得一定的投资回报。中小企业只有获得比各要素所有者要求回报多的收益才能实现企业的盈利，这就要求中小企业充分有效地利用各种来源的资金。

生存、发展和盈利三个维度为我们深入认识中小企业的可持续发展提供了切入点。从中小企业成长的总过程来看，这三个维度并不是先后出现的成长目标，相反，它们贯穿于整个成长过程中，在任一发展阶段，中小企业都会要求生存、发展和盈利，只是在不同的阶段，急迫程度有所差异而已。

二、中小企业的财务成本效益观

中小企业传统的财务成本观通常有两个截然不同的极端表现。有一些中小企业以是否节约资金为依据，片面地从降低成本乃至力求避免某些费用的发生入手，强调节约和节省资金的支出。这类财务成本观念可以简单地归纳为"该花的钱不舍得花"，即"吝啬"的财务成本观念。有一些中小企业则与此相反，它们的财务决策往往不计资金成本，只是片面地追求绝对效益。这种财务观念多可以归纳为"财大气粗地花钱"，即"奢侈"的财务成本观念。这两种极端的财务观念与中小企业的可持续发展都是背道而驰的。

中小企业的财务目标总是和企业总目标协调一致的。追求经济效益是中小企业可持续发展的内生性要求，企业的财务活动也应该树立成本效益观念，实现由传统的"吝啬"的财务成本观和"奢侈"的财务成本观向现代的财务成本效益观念转变。在市场环境中，中小企业管理的目标是可持续发展，通过向市场提供所需的物美价廉的商品，并在此过程中获得最大化的盈利。与中小企业管理的这一基本要求相适应，财务管理也就应与企业的可持续发展直接联系起来，以一种新的认识观——财务成本效益观看待财务成本及其控制问题。财务成本效益观的核心内容是从"投入"与"产出"的对比分析来看待"投入"（成本）的必要性、合理性。财务成本的必要性和合理性包含两层含义：一是努力以尽可能少的成本支出，创造尽可能多的经济效益，企业应当减少无为或者无效率的"奢侈"支出。我们所提倡的"精细化财务管理"就是主张财务活动应当关注企业的细节方面，从管理企业日常的资金使用入手，提高使用效率，减少不必要的浪费。二是不能"吝啬"能够带来经济效益的必要的成本支出。虽然有些成本支出可能减少短期内的利润，但如果可以使长期的效益增长的话，这种支出就是必要的。

如在创业期的中小企业，可能根本没有利润，但它还是应当支出必要合理的科研经费，因为后者的支出可以给中小企业成长潜力的发挥提供必要条件。再如，为充分论证各投资方案的可行性而发生的费用开支，可保证决策的正确性，使企业获取最大的效益或避免可能发生的损失。而在现实中，许多中小企业由于资金规模的限制，总是吝啬诸如市场调查或者投资项目论证等方面的经费支出，而投资不合理的项目却可能给企业带来比所节约的支出多得多的损失，所谓"得不偿失"。总之，中小企业的财务活动应当树立财务成本效益的观念，对比分析"产出"和"投入"，研究成本增减与收益增减的关系，以确定最有利于提高效益的融资、投资和营运资本管理的方案。

三、中小企业的价值链财务

从本质看，中小企业财务是一种创造可持续的价值增长的活动。从可持续发展的角度看，财务成本效益观是企业价值创造所提出的内生性要求。因此，为了更好地认识财务成本效益观，我们有必要从价值创造的角度分析中小企业的财务活动。

价值链的分析方法为我们认识企业价值的创造提供了一种良好的分析工具。价值链的概念是由波特于1985年在其《竞争优势》一书中最先提出的。波特将企业的价值活动分为五种基本活动和四种辅助活动。五种基本活动分别是物流输入、运营、物流的输出、市场与销售以及服务；四种辅助活动分别为采购、技术开发、人力资源管理以及企业基础设施。基于这些价值活动，波特建立了企业内部价值链。我们称之为狭义的价值链。价值链的基本含义是尽量以最小的成本带来更多的价值。波特的价值链概念显示了从原材料到最终客户的整个过程，突出了物流在价值链上的流转过程。价值链的概念还体现了一种集成的管理思想和方法，强调优化核心业务流程，从整体上降低企业成本，提高管理效率和经营效率，增值实现价值。与波特提出的价值链概念不同的是，价值链不仅是一种物流模式，同时还应重视资金流在增值活动中的流转过程。因此我们认为，广义上的价值链应该是企业的财务活动与业务活动的良好结合。笔者将这种结合的结果，称为价值链财务。

目前，许多中小企业的财务活动与业务活动是两条线上的流程。企业对现有财务现状的分析所需要的信息总是在经济活动发究生之后才采集的，主要的来源是根据历史成本原则编制的会计报表。此外，财务分析人员的信息加工远离业务活动，较少考虑财务信息与业务的关联性。这样的结果就是财务活动的信息集与业务活动的信息集成了相关性不大的两个集合，财务分析的对象与企业实际的业务活动不相吻合，导致财务分析的相关性、有效性和未来的预测性受到影响，企业财务成本也无法得到有效控制。为了真正贯彻财务成本效益观念，必须将财务活动与业务活动紧密有机融合，将财务人员嵌入价值链的各个环节。价值链财务的基本实施模式是指企业的财务活动对经营活动全过程，即内部价值链各个环节的全面控制与支持，协同各部门有序运作，最大限度地降低财务成本，提高资金周转速度和使用效率。采购部门的财务成本效益观，主要体现在采购资金占用量和节约资金量两个方面，一方面要尽量减少各种费用开支，以减少资金本身的消耗；另一方面，减少各方面的资金占用，以降低资金成本。在保证供货质量前提下，还应考虑购货时的商业折扣，选择合适的批次和批量，以达到节约资金的目的。生产部门财务成本效益规则主要体现在以下两方面：一方面，要根据目标销售量和预计存货数量，制定出生产计划，尽量避免盲目生产，保持存货数量的最低限，加速生产资金周转，同时还要根据生产计划按时完成生产任务。在现代商业环境中，速度经济已经成为企业效益的重要来源。另一方面，要做好产品成本的预算和决策，努力降低产品成本，保证产品质量，减少废品数量。销售部门财务成本效益观主要体现在促销产品、降低存货量、尽早收回销货款等方面。在销售过程中，企业还需要制定合理的信用政策，严格审查赊销条件，控制赊销数量，并对销售费用和收账费用加以协调与控制。

价值链财务还将企业的内部价值链延伸到企业外部的融资活动和投资活动。融资活动的本质就是向投资者出售一系列融资合约，并根据合约在将来向投资者支付一系列现金流。该现金流即为企业所要承担的融资成本，也是外部投资者的投资回报。一般地说，融资合约若能提高投资者的效用，即增加投资回报或降低风险，企业就可能在金融市场上以较低的融资成本售出融资合约。提高投资者的效用可以通过以下几个途径来实现：一是随时分析和关注时代、社会和企业所处的外部环境，选择合适的销售方式与销售时机；二是充分了解投资者的风险偏好、需求等信息，并考虑划分投资者的群体，如个人投资者和机构投资者等；三是根据投资者需要，提供不同的融资合约组合；四是及时向投资者和债权人披露他们关心的相关信息，降低他们的信息搜集成本和监督成本，为今后的扩大营销打下良好基础；五是诚信履约，提升自身的形象，塑造良好品牌。一个具有良好信用状况的企业往往可以得到投资者的青睐，并可能获得更优惠的融资成本。在其他条件不变的情况下，企业能够尽可能降低融资成本就意味着增加了企业的价值。

企业的投资活动是直接运用来自各种渠道的资金并创造价值的过程，也是价值链的关键环节，因此财务成本效益观念对于企业投资而言具有非常重要的意义。企业在投资之前的资本预算采用科学合理的决策方法，选择最有利的投资方案是提高资金使用效率，降低财务成本的前提和基础。从财务成本效益观出发，企业应当实时控制和评价投资过程中的资金使用，实施科学的项目管理方法和手段，合理控制工期。在投资项目完工后，企业应当合理评估投资效果，并作好总结，以便为下次投资备案。企业在金融投资中的财务成本效益观主要体现在投资组合的科学建立、投资风险的有效控制、投资时机的合理选择，等等。

总之，财务成本观念应当贯穿于价值链的各个环节，包括采购、仓储、生产、销售等内部价值链和投资活动、融资活动等，并形成价值链财务活动。价值链财务与传统财务的区别主要体现在以下两个方面：

（1）财务活动从事后的静态核算和分析转向全过程、全方位的动态控制和分析。通过财务与价值链的融合，可以保证财务信息采集、加工的实时性、完整性、正确性和有用性，从而真正监督和控制企业资金的使用状况，减少不必要的费用支出，提高营运资本管理的效率，确保价值增值的目标。

（2）价值链财务是传统财务在价值链方向的延伸，从而大大拓展了财务工作的广度和深度。传统财务和生产经营活动联系很少，前者对后者仅仅做一些事后的财务分析工作。而价值链财务则要求财务部门与生产等各业务部门全面协作，根据实际情况，将财务内容进行细化、分解、整合，并落实到每一岗位、每一项具体的业务，并辅以一套相应的工作流程和业务规范。这不仅支持了业务部门更好地发掘潜在的价值，而且还将财务活动真正视为一种高附加值的活动，从而更好地为企业创造经济效益。

实施价值链财务和财务成本效益观对中小企业的可持续发展具有重要的意义。中小企业的两大特质即严重的信息非均衡和风险等级的异质性决定了企业强烈的资本约束和投资不确定性。如何充分利用有限的资金，就成为中小企业面临的严峻挑战。实施价值链财务，将财务成本效益观嵌入价值链的各个价值增值活动中，为中小企业在资本约束条件下创造长期持续的利润最大化提供了有利的条件。由于中小企业往往达不到必要的规模经济和范围经济，又通常处于产业链的低端，因此许多中小企业靠微利生存。价值链财务和财务成本效益观就成了中小企业继续生存和发展的必要手段。若能将财务成本效益观落实到价值链的每一个环节、每一个岗位、每一项具体业务，即便是微利也能获得较多的利润。例如，据浙江义乌一个吸管厂的管理人员介绍，吸管平均销售价为每支 8 ~ 8.5 厘钱，其中原料成本占 50%，劳动力成本占 15% ~ 20%，设备折旧等费用占 15% 左右，纯利润约占10%。也就是说，一支吸管的利润仅为 8 ~ 8.5 毫钱，但该厂就靠 8 毫钱的利润空间迅速壮大起来。目前，这个厂 90% 以上的吸管外销，一年的产量占了全球吸管需求量的 1/4 以上。这个成功的例子也从另外一个方面说明了价值链财务和财务成本效益观念在中小企业中实施的可行性。中小企业由于组织结构比较简单，从信息源到决策中心所需要传递的层次比较少，信息阻塞和信息失真的程度较低。从委托——代理关系看，在许多中小企业内部，业务和管理者之间的代理关系是不存在的，决策权没有进行再分配和再委托，而往往集中于业主一个人身上。基于这些原因，中小企业往往可以低成本地收集到价值链各个环节的信息，并能够对各类信息做出灵活反应。但是需要指出的是，财务成本效益并不会自然发生：一方面，企业需要制定一系列规章制度贯彻实施财务成本的控制目标；另一方面，财务成本效益还与财务成本控制意识和效益观念有关。

从经济学的角度看，我们可以把财务成本效益观视为一种成功的"意识形态"。新制度经济学认识到成功的意识形态可以减少正式制度安排的费用，并把它视为能产生极大外部效果的人力资本。然而，无论中小企业的管理者还是员工，他们都有自己对财务成本的个人经验与判断，这些经验与判断和成功的意识形态之间可能并不完全一致。个人只有受到激励，才会变更个人经验并同意识形态取得一致。对于中小企业的管理者自身而言，改变不成功的观念具有较强烈的内在激励动机，但首先需要认识到什么样的财务成本效益观是成功和必要的。对于中小企业的员工而言，企业的经营者需要向财务成本效益观的培育进行投资从而激励雇员改变个人的经验与判断。具体的方法：一方面可以对企业全体员工进行培训教育，要求企业各级管理人员及全体员工充分认识到财务成本效益观的重要性并形成自觉管理的意识；另一方面还需要激励与约束机制以奖惩员工的行为。

四、中小企业的货币时间价值

中小企业财务的本质是价值创造的，而资金即资本化货币的运动则是价值活动的表现形式。马克思主义哲学指出，任何运动都离不开一定的时空。于是时间与空间成了衡量货币增值的必要条件和计算依据。我们提出的价值链财务即倡导将财务活动与价值链的各个环节相融合，深入分析资金在不同环节上的增值活动。从本质上看，价值链财务体现了资金的空间价值，在不同环节（空间）的资金体现了不同的增值潜力。但空间价值只仅仅是问题的一个方面，我们还需要考察资金在不同时期的价值，即通常所说的货币时间价值。可以说，货币的时间价值为不同会计期间货币的静态表现形式建立了联系。离开了时间价值的因素，就无法衡量不同会计期间的企业收支，也就无法衡量企业的盈亏状况。因此，认识货币时间价值对中小企业树立财务成本效益观念同样具有重要的作用。

（一）货币时间价值的含义

所谓货币的时间价值是指货币经过一段时间的运动而发生的增值，这个增值额就是货币的时间价值，也就是说货币在不同的时点上具有不同的价值。例如，年初的1元钱与年底的1元钱的经济价值是不同的，即它们具有不同的经济效用。随着时间的推移，货币的价值会发生变化。

马克思主义的劳动价值观动态地揭示了货币时间价值的真正来源，即劳动者创造价值的一部分。作为资本的货币的流通本身就是目的，因为只是在这个不断更新的运动中才有价值的增值。

货币的运动可以用"货币—商品—货币"来表示。货币投入生产经营过程后，借助企业的平台开始资金的周转和循环，企业用货币资金购买各种生产要素，然后投入生产，最后凝结在商品的价值上，商品出售后获得的货币量大于最初投入生产的货币量。这就说明在一次周转中获得了货币的增值，周转的次数越多，货币的增值也越多。货币的增值体现了货币的时间价值。在一段时间内，周转的次数与周转的速度有关，也就是说与资金运动的利用效率有关。在周转速度一定的条件下，时间越长，周转的次数也越多。

因此，货币时间价值的数额随着时间的持续不断增长。同时，我们还可以看出货币的时间价值还与资金的利用效率有关。既然货币有时间价值，资金所有者将货币的使用权让渡给企业，必然要获得一定的报酬，以弥补货币机会成本的损失。因此，将货币的时间价值作为一种重要的经济杠杆，有利于挖掘资金潜力，经济有效地利用现有资金。从货币的运动过程中，我们也可以看出，货币的时间价值是以商品经济的高度发展和借贷关系的普遍存在为前提条件或存在基础的。没有高度发展的商品经济，货币增值的最终实现将无法体现为货币量的增加；没有普遍存在的借贷关系，货币的最初投入和持续的货币周转将遭到企业自身资金规模的限制。

"货币—商品—货币"的运动过程反映了货币时间价值两个方面的含义。一方面是货币提供者预期的资金报酬率，他们以放弃资金的使用权为代价获取货币量的增加；另一方面是货币需求者的生产利润率，只有生产利润率能够补偿资金需求者的预期报酬率，生产活动才能继续。由于竞争的存在使生产企业最终获得的资金利润率实际上是社会的平均资金利润率，否则企业不如投资利润率更高的行业或领域。因此，货币的时间价值也成了生产企业选择投资方案的基本依据。从量的规定性上看，货币的时间价值是在没有风险和没有通货膨胀条件下的社会平均资金利润率。

（二）中小企业的财务成本观念和货币时间价值

货币时间价值对中小企业的财务活动的影响主要体现在融资决策和投资决策中。融资决策涉及资金的来源，而投资决策则涉及资金的占用，如何合理经济地筹集资金，如何经济和有效地使用资金，对中小企业的可持续发展具有决定性的影响。

货币时间价值是企业进行融资决策时计算资本成本的基础。由于资金存在时间价值，因此企业不能无偿使用资金，必须向资金提供者支付一定的费用作为补偿。企业为筹集和使用资金所必须支付的各种费用称为资本成本。资本成本也是资本提供者放弃资金的使用权所预期获得的报酬率。资本成本一般包括资金筹集过程中发生的费用和资金占用所需付出的费用两部分。企业通常有多个融资渠道和融资方式，对于不同渠道和方式的融资来源，企业所付出的代价有所差异，反映在资本成本上就形成了具有显著差异的单项资本成本。

一般认为，由于债务具有抵税效应和固定的利息支出，债务融资的资本成本要比股权融资的资本成本高。在实际工作中，企业不可能长期使用一种低资本成本的资金，如银行信贷。因为企业在某一时期筹集某一渠道和方式的资金的能力总是有限的，为了将来筹集资金的可能性，企业在当期就不能"透支"将来的融资能力。因此，企业从多种渠道、多种方式筹集所需资金，从而形成各种筹资方式的组合就成了必要的选择。在这种情况下，企业所承担的资本成本就是各单项资本成本的加权平均数，即加权平均资本成本。

货币时间价值也是企业投资决策所需考虑的重要因素。前面所提的资本成本不仅是评价融资方案是否合理的依据，也是企业评价投资项目的重要标准。由于资本成本是企业所需支付给投资者的费用，因此投资项目的最低预期报酬率必须大于资本成本才能有利可图。从理论上说，企业在作投资决策时需要考虑货币的时间价值，这样才能真实反映投资项目的收益率。对于同一投资项目的回收期，不考虑货币时间价值的静态回收期，只反映了原始投资的回收期限，忽略了不同的收益与支出在不同时点上具有不同经济价值的特性。而考虑货币时间价值的动态回收期则避免了这一缺陷，可以更加科学地评价投资方案。两种投资决策方法相比较，静态回收期计算的回收期限要短、项目的平均报酬率要高，这很容易给决策者造成假象，甚至导致投资决策的偏差和失误。而考虑货币时间价值的动态回收期则真实反映建设项目的回收期，有助于决策者如实分析现状、慎重做出科学决策，使整个项目符合实际，而且有助于促使企业压缩建设周期，提高经济效益，提前收回投资。

然而，实务却与理论分析有较大出入。现实中，许多中小企业的决策者很少采用货币时间价值进行融资决策和投资决策。在作融资决策时，只是简单地计算各年支出费用的总额，并以此作为评价标准。而在作投资决策时，则通常使用静态的非贴现方法。对于这样的出入，我们认为主要有以下几个方面可以解释：一是中小企业几乎没有备选的融资方案和投资方案，既然方案只有一个，只要能够赚取利润就是可行的。因此只需将静态方法下的融资成本和静态方法下的投资收益两相比较便可以做出决策。二是使用货币时间价值进行相关的决策需要收集相关的信息，而这需要付出比较可观的信息成本。此外，应用货币时间价值进行决策要比静态方法的决策来得复杂且耗时，但这对于以灵活、速度著称且处于微利状态的中小企业来说，极可能是不经济的。三是中小企业较高的风险等级以及不完善的外部环境使得企业预测未来的现金流量比较困难，具有较高的不确定性，在这种情况下进行现金流量贴现决策恐怕还不如直接用非贴现方法来得准确。四是中小企业经营者自身素质比较低，同时又缺乏相应的财务人才，对其而言，应用需要专业知识和技能的贴现方法具有较大的难度。所有这些原因，都使得中小企业的经营者在日常的财务决策中往往倾向于使用非贴现的决策方法。

尽管如此，但随着中小企业的进一步演化和"质的飞跃"，中小企业仍然可以并应当逐渐使用货币时间价值。当经营者受过良好的教育和专业培训后，经营者就可以有能力了解和愿意接受现代的投资决策方法，并降低贴现决策方法的难度和学习成本。演化经济学对企业动态能力的演化分析对中小企业的这一变化提供了理论依据。财务管理的能力和知识在中小企业的演化成长过程不断升级和优化。比如，中国民营中小企业的第一代经营者即创始人已经逐渐向继承人转移决策权，第二代经营者的知识和能力与第一代人相比都有了长足的进步，这对应用高级、现代的投资决策方法提供了良好的企业基础。此外，随着中小企业外部经营环境的进一步完善，中小企业融资困境将得以缓解，其资本约束的强度将得以减弱。在这一条件下，中小企业就有可能进行较大规模的长期投资，并有多个投资方案和筹资方案可供选择。与此同时，随着市场逐渐成熟，中小企业经营的不确定度将逐渐降低，使其对未来现金流量尤其是中长期现金流量能够做出比较准确的估计，这为中小企业应用现金流量贴现方法提供了外部的经营环境。

考虑货币的时间价值是中小企业树立财务成本效益观的必要之举。虽然现在许多中小企业的条件还不能满足应用的条件，但仍然有必要将其作为一种重要的辅助决策方法。现代财务理论已经证明应用货币时间价值的决策方法是科学合理的，并能有助于落实财务成本效益观。中小企业可以将其作为一种财务理念来看待，并将其融入日常的财务工作。当中小企业的内部资源与条件和外部的经营环境得以改善，尤其在成长阶段的后期时，中小企业应当逐渐考虑货币的时间价值。据了解，目前已经有相当部分的中小企业开始应用货币的时间价值进行财务决策，这是未来的必然趋势。理论界也应当从新的视角看待传统中小企业的新变化，货币时间价值并非大企业的专利，但演化到某一阶段，中小企业应用货币时间价值也是可行的。

第二节　中小企业的风险管理观

中小企业的成长过程面临着诸多风险。能否对这些风险进行有效管理和控制，对中小企业的可持续发展具有重要的意义。本节主要基于集成风险管理理论，对中小企业应该持有的风险管理观进行论述。

一、中小企业风险特性和规律

关于风险的定义有许多种。所谓风险，是一种不确定性。不确定性主要是指人们的认识与事物客观发展结果之间的距离，是一种信息差距或者是理性差距的具体反映。在不确定性的情况下，人们的认识与事物客观发展结果之间的距离大于零，而且随着不确定性的增加而不断增大。从经济学意义上讲，存在着两种不确定性的定义：一是外生的不确定性，即与经济系统本身的运行存在关系的不确定性，如消费者的偏好或者厂商的生产技术等。它们不是由经济系统本身内在决定的，因而在大多数经济分析中是作为一种给定的前提或变量来对待和处理。二是内生的不确定性，即与经济系统本身运行有关的不确定性。这种经济系统本身的不确定性，来源于经济行为者的决策，因而是许多经济学家研究和分析的对象。

也有一些学者在此基础上将风险与不确定性分开。所谓风险是指概率事件意义上的不确定性，人们可以借助于一些数学工具如大数定律等概率理论准确计量发生的概率，对其成败得失做出一些初步的计算。而不确定性则是指非概率型不确定性，即指这种不确定性的概率是无法测量的。鉴于中小企业的财务特质和经营特点，在财务活动中可以准确测量发生概率的风险比较少，因此作上述区分的意义不大，我们将"风险"与"不确定性"视为一种等同的概念。

中小企业的风险之所以产生，主要是因为任何经济决策都存在着三个变量的约束：一是中小企业能够控制的决策变量；二是中小企业无法控制的环境变量；三是由决策变量和环境变量确定的其他变量。风险程度的大小则取决于这三个变量之间的相互作用。中小企业可控制决策变量的多少主要与信息有关，信息越充分、相关越可靠，企业决策的不确定性就越小。由于环境本身的不确定性和人的有限理性，中小企业能够控制的决策是非常有限的。

因此，中小企业的风险具有不可控制性的特征，在企业的经营活动中，不可能存在没有风险的情况。据此，中小企业的管理者对风险的态度既不能放任不管，也不能幻想各种经营活动都按预期计划进行。中小企业风险除了具有客观性的特征之外，还具有可控制性的特征。所谓风险的可控制性，不是说要完全消除风险，而是改变、控制风险的"受险部位"，从而消除或削弱风险对企业财务的影响程度，使得企业决策结果的风险等级要低于经济变量的风险等级。风险的可控制性为中小企业的风险管理提供了依据。

中小企业的风险遵循守恒定律、风险收益均衡等两大定律。

风险守恒定律与物理学上的能量守恒定律类似，它是指收益的不确定性所带来的风险性对全体企业来说是绝对的。以中小企业在融资决策中所存在的风险为例，在既定的投资状况和完善的市场环境下，企业不管采用什么样的融资政策都不会改变其风险。

如果采取内部融资，则企业股东和员工分担了企业一部分风险；若贷款，则一部分风险由贷款人承担；若增发新股，则一部分风险由新股东承担，等等。在不同的市场成熟度和信息水平上，有不同的风险概率和损失与之相对应，并在特定的风险上守恒。但是，风险相对于中小企业个体而言，有可能通过风险管理在一定程度上规避风险，不过，这并不意味着风险就消失了，而是将风险转移给其他市场主体。这也为中小企业风险管理提供了可能性。中小企业的风险还遵循风险收益均衡定律。根据均衡定律，中小企业承担的风险与收益成正比，预期收益大，其风险就大；预期收益小，其风险就小。这就涉及了对风险选择的不同态度。有些人或企业愿意为获得较高的收益而承受较大的风险，我们称之为风险偏好型；而有的却为避免很小的风险而宁愿放弃较有利的获利机会，我们称之为风险规避型。

二、中小企业风险的类型

中小企业在各个成长阶段都存在诸多风险，由于各种风险的特征及其对企业财务结果的影响具有较大差异，因此，有必要对中小企业风险的类型进行分析以分别进行管理。风险的分类方法有许多种。根据风险对市场参与主体的影响范围分为系统风险与非系统风险。系统风险是由该范围内任何企业都无法控制的整体性因素带来的风险，具有全局性的影响。中小企业无法规避系统风险，但可以通过一定的措施和手段减少风险带来的可能的损失，比如保险。非系统风险则是由企业可控因素带来的风险，只对局部和企业个体产生影响。非系统风险是一种与企业的决策有关的风险，又称为商业风险或市场风险。中小企业只有尽可能地减少非系统风险，才能在一定程度上减少企业所面临的各种风险。根据企业的生命周期理论，中小企业在其成长、发展的过程中，面临各种各样的风险，主要有以下几类：

1. 创业风险

面对某个商业机会，创业者将承受相应的技术风险、市场风险、财务风险、政策风险、法律风险、宏观环境风险和团队风险，这是任何创业者都会遇到的问题，只是特定创业者面临的风险的结构和程度不同罢了。初创期的企业面临的风险千头万绪，我们这里所提的"市场风险"比其他文献所论述的"市场风险"的概念要更广泛一些。关注的是企业如何通过对环境的分析选择合适的商业机会，以及利用有限的资源来尽快渡过创业期，步入正轨。

2. 技术创新风险

企业的发展，需要有一系列品质可靠，有极强竞争力的产品。即使企业在创业阶段可以采取跟进战略，模仿畅销产品，但是从企业长远发展的角度来看，企业应该逐步加大研究开发的资金，进而实现技术创新，以优秀的产品巩固其市场优势地位。中小企业是技术创新的重要源泉之一，在技术创新方面发挥着重要的作用。鉴于创新活动本身的复杂性以及技术创新收益的不确定性，企业会在技术创新过程中遇到各种各样的风险，由此可能导致中小企业经营的失败。这主要是由中小企业在创业、成长过程中必然涉及的技术研究开发、产品试制、生产技术的探索性等所引起。

3. 市场风险

企业生产的产品只有在市场上实现其价值，才能使其得以生存和发展。市场风险即指企业生产出的产品能不能为消费者所认可、能不能被市场所接受以及接受的程度如何的不确定性。对中小企业而言，消费者偏好的改变，其对产品的质量、品种、价格选择性的增强，销售渠道的忽然失灵，市场信息的可能失真或误时，所有这些都会造成企业的市场风险。这就需要中小企业做好市场定位、对产品的市场需求预测、生产过程的控制以及提升其总体营销水平。

4. 财务风险

中小企业要创业，要进行技术创新，要占领市场，也就是说要生存和发展，都需要筹集资金。中小企业可以采用各种方式筹措资金，而债务融资是其最主要的融资方式，财务风险就是企业利用举债融资时产生的由股东所承担的风险。这个风险表现在两方面，一是中小企业由于利用财务杠杆而使其丧失偿债能力，陷入财务危机的可能性，也称为破产风险或财务危机风险；二是指中小企业所有者收益的可变性。这就需要中小企业确定好融资规模、融资方式以及融资结构，加强财务风险管理。

5. 人才流动风险

人力资源在企业价值创造中发挥着越来越重要的作用。很多企业都意识到了这一点，并努力建立人才管理机制，争取吸引人才、留住人才。但对于中小企业而言，因为其本身的规模、环境、管理机制等原因，在吸引人才方面有很大的劣势，并且其人才的不合理流动，尤其是人才流失，给中小企业造成重大的损失。

6. 管理风险

中小企业尤其其中的个体、私营企业，管理体制比较旧，常常用经验管理取代科学管理，缺少一套比较科学的决策机制和用人机制，所以中小企业的管理水平普遍偏低，不能适应经济形势发展和企业自身发展的需要。当企业发展到一定阶段、有了一定规模、业务比较复杂时，管理落后造成的消极影响就越来越严重。中小企业只有进行管理创新，采用科学的管理方式，创建有效的管理体制，才能更好地适应企业生存和发展的需要。

7. 国际化风险

当今世界，经济全球化已成为必然趋势，我国中小企业只有顺应这一潮流，才能积极参与国际性竞争，融入世界经济大循环，实施国际化经营战略，即国际性地利用生产要素和管理技能，从事跨越国界的工商活动，从而提升竞争力，求得生存和发展。在这过程中，中小企业也要充分认识到这种国际化机遇中隐藏的风险；同时，对于从事对外贸易的中小企业，不仅面临着各种贸易壁垒带来的风险，还可能遭受"反倾销"等不公正待遇。

8. 多元化风险

多元化是一把双刃剑。几乎所有优秀的中国公司都或多或少地正在进行着多元化的努力，而许多公司的危机与衰亡也都与公司的多元化扩张战略有关。

9. 道德风险

对于中小企业来说，道德是一切约束中小企业经营行为与社会行为的规范与制度的总和，包括法律、行政、社会规范、伦理道德等各方面的约束与规定。当中小企业为了追求自身利益的最大化而违犯这些规范与制度时，就构成了道德风险。在我国，道德风险是中小企业发展中的突出问题。中小企业的道德风险，反映了其内在的文化弱势，成为制约其进一步发展的重要内因。

三、风险管理与可持续发展

风险的客观性表明，任何企业都无法回避风险的问题。既然如此，企业就有必要对各种风险进行有效管理。风险管理在企业的可持续发展中有重要意义。

中小企业的风险管理观与大企业的风险管理观有较大差异。与大企业相比，目前有相当多中小企业风险管理的观念很淡薄，企业的管理者往往忽略了风险的两大定律，即风险守恒定律和风险收益均衡定律。一方面，企业的管理者不太愿意也不太热心在风险管理上投入太多精力，没有意识到风险管理的必要性。另一方面，盲目追求高收益而忽略了潜在的风险。如许多中小企业受经济利益的趋势，热衷于搞多元化，什么行业赚钱就投资什么行业，而全然不顾完全陌生的市场给企业发展所带来的风险。根据波士顿矩阵，高增长率和低市场占有率的组合是典型的高风险经营，如果缺乏市场开发能力，中小企业将难以抓住这样的市场机会，从而使多元化投资成为企业负担。造成中小企业风险管理观念薄弱的原因可以从内外两个角度入手分析。从外部看，可供中小企业选择的风险管理的方法和手段比较稀缺。如在西方发达国家比较普遍的信用担保中介机构，在我国还没有发挥实质性的广泛作用；保险公司对中小企业财产的保险不关注，甚至不愿意为其保险；金融市场上可供中小企业选择的风险管理工具几乎没有。从企业内部看，许多大企业往往由专门的人员来负责风险管理，而中小企业则由于资本限制等原因，往往将风险管理视为一个次要的任务。此外，较低的信息化设施也阻碍了中小企业对风险的有效防范。因此，在许多中小企业中，风险管理是一种的事后措施和手段，风险管理活动往往是瞬时或间断性的，直到风险的损失真正产生时，才会引起管理者的足够重视。

中小企业高破产率也凸显了中小企业在风险管理中存在的诸多问题。薄弱的风险管理直接损害了中小企业的可持续发展。与大企业相比，中小企业抗风险能力比较弱。中小企业大都处在创业发展阶段，很多企业的经营理念和管理方式不适应新经济和高新技术迅速发展的现实，经营能力较差；企业相对弱小，实力不足，装备、技术、管理等科学化组织程度不高，部分企业生产效率低下，竞争力明显低于国外同行；资金人才紧缺，引进、吸收、消化、创新能力还不强。所有这些问题都大大削弱了抗风险的能力，使得许多中小企业成为市场中流动率最高的企业群体。随着经济全球化和一体化的加深，中小企业处于一种复杂和动荡多变的环境之中，面临更多新的不确定因素，而且这些不确定性因素相互影响，有可能导致一个企业遭受损失乃至破产，因此，如何有效管理风险已经成为我国中小企业需要面对的重大挑战。许多企业的成功经验表明，风险管理对中小企业的安全经营、稳定发展、核心竞争力的提高以及可持续发展都有很大的影响。

四、中小企业风险的基础管理

风险管理是指企业为了实现稳健经营，在分析企业外部环境和内部条件的基础上有计划有组织地进行风险识别、评估和化解等活动的总称。实施风险管理的主要目的在于保全企业的资产和提高企业的盈利能力。目前，我国许多中小企业的抗风险能力之所以比较弱，跟企业风险的基础管理缺失不无关系。所谓基础管理，是指中小企业为防范风险所必需的前提和基础条件。

学术界近几年提出的集成风险管理理论主要是指风险的基础管理。企业的集成风险管理并不是简单的企业所有部门及活动风险管理活动之集合，而是一个包含企业风险管理目标、企业文化、企业风险管理组织、企业风险管理系统方法及企业风险管理信息系统等各要素的系统框架。集成风险管理理论给中小企业的风险管理展现了新的视角，突出表现在它将企业的风险视为整合概念。企业每天都处于各种各样的风险之中，这些风险来源或性质不同，对企业的不同层次的目标产生的影响也不同。而传统的风险管理理论则分别对各类风险进行管理，人为假定各种风险的独立性，忽略了各种风险之间的相互作用。事实上，企业各类业务活动之间存在一定程度的相关性，由此导致各类风险之间并不是完全独立而是相互作用的，作用的结果就是风险对冲或者增强。因此，单项风险的管理虽然从局部上看是有效的，但是从整体上看不是重复管理就是遗漏，很可能是片面的，因此传统的风险管理难以全面认识风险，也就无法真正有效地控制风险。于是就产生了对企业风险进行整体性管理的必要，企业需要管理的是所有风险而不是数量有限的个别风险。

具体地说，中小企业风险的基础管理主要体现在以下几个方面：

（1）中小企业要把风险管理融入企业文化中。为适应企业风险管理的要求，中小企业要通过重建企业文化，使风险管理成为员工一项自觉的行为。中小企业的管理者首先应该从个体因素、团队因素、企业整体因素等几个方面分析企业已有的风险管理能力，评估企业现有的风险管理意识、风险管理决策和实施程序，分析其是否需要调整以适应变化的风险管理环境。在此基础上，编制风险管理方针书以表明决策层对风险管理的支持态度和风险管理的原则，制定风险管理计划书明确风险管理的目标和各自的职责以及通过教育培训等手段让员工真正了解风险管理的全过程，使所有员工都能意识到风险管理不是某一个人或部分人的职责，而是所有员工的共同职责，从而营造一种适应风险管理的全新文化。此外，企业的管理者还应该制定统一的风险管理标准和规范，以减少各个部门之间因风险态度不同而导致的冲突。

（2）中小企业有必要完善风险学习机制。风险知识的学习和积累是企业获得和保持风险管理能力的一项重要途径，学习机制可以在公司内营造一种平等竞争、激发智慧的环境，弥补个人与团队的能力差距。风险学习应成为风险管理的中心任务之一，学习研究过程必须是持续不断的，而不是与特定风险管理项目相联系的暂时性工作。持续学习过程依靠完善、严格的制度来保证和规范，必须有明确的责任制度加以约束。详细的风险管理记录可以促进经验交流和信息反馈，也是风险学习的重要工具。中小企业风险管理能力的培育在很大程度上取决于风险知识的学习和积累。一个善于学习的企业组织，能够不断地获取知识、资源，更新知识、使用知识、创造知识，从而不断强化现有的风险管理能力、开发和学习新的风险管理能力。从这个意义上看，风险的学习机制决定了中小企业在风险中成长的时间路径和抵御风险的能力的大小。

（3）中小企业需要建立企业信息系统，健全风险预警机制。信息不充分是造成不确定性的主要原因之一，充分的信息可以使风险性决策转化为确定性决策，从而规避或者减弱各种风险。因此，信息的采集和处理能力就成了风险管理成功的基石。借助于灵敏的信息系统和监控系统，对不利的意外事件和主要风险因素进行辨认、分类、评估和控制，可以将企业的风险损失降到最低限度，获得尽可能大的收益。风险预警是在社会调查的基础上，借助计算机技术、信息技术、概率论和模糊数学方法，设定预警指标体系及其值域和临界点，迅速捕捉风险前兆，做出评估判断，对不同性质和程度的风险适时发出警报，提醒决策者和管理者及时采取防范和化解风险的措施。通过信息系统和预警机制，中小企业就可以建立一种全方位立体性的信息网络，使得信息收集和处理的整个信息流程得到优化，保证企业在合适的时间把合适的信息传送到目的地。不过，信息化本身并不是每一个中小企业都可以实现的。但可以预见，随着网络技术、信息技术等的日益普及，中小企业实施信息化的成本将会逐渐降低，并可以初步实现由半信息化向全部信息化的转变。

（4）中小企业要建立风险管理绩效评估机制。中小企业的风险管理应当能够给企业带来预期的收益，并符合企业整体的战略目标。集成风险管理理论就强调风险管理的目标必须服从企业的战略目标，并将目标根据不同的部门和业务活动进行分解形成子目标体系。因此，企业还需要对风险管理的绩效进行评估，对其适用性、成本收益比、与战略目标的一致性进行分析、检查、修正和评估，并将评估结果反馈给相关的责任人，以确保风险管理的持续有效进行。

五、中小企业风险的过程管理

中小企业风险的过程管理主要有以下几个程序:

1. 风险识别

主要是识别风险类别、产生原因和影响。风险识别是信息收集和归类的过程,具体分为以下三个步骤:搜索、监测和预测。搜索包含了对内部和外部环境各因素的研究。通过搜索,企业能够辨认出企业金融所处环境潜在变化的早期信号,洞悉其中隐藏的风险。监测,要求企业持续观察环境的重大变化和趋势,判断不同环境中所发生重大事件的含义。监测往往在搜索所定位的领域里进行。预测主要根据搜索和监测所观察的信息资料对将来的变化或趋势做出预测分析,并与企业的经营活动联系起来进行考察,从而估计变化或趋势预期给企业带来的影响。

2. 评估风险

在对各类风险进行识别之后,就应当评估各类风险发生的概率、损失及其影响。为了风险管理的需要,中小企业的管理者有必要根据重要性程度,将风险分为三类:关键风险,即可能导致企业破产的风险,对这类风险的评估要尽量追求准确;重要风险,即对企业的生产经营活动产生重大影响但尚不至于导致破产的风险;非重要风险,即对企业的生产经营活动的影响不大的风险,对这类风险的评估可以简单粗略以节省风险评估的成本。风险评估的方法应当采用定量分析和定性分析相结合的方法。所谓定量分析是指借助计算机技术、运用数学模型等进行定量分析的评估方法,其资料主要源于历史资料或者实验数据。定性分析主要是由风险管理者或专家根据个人的判断对风险进行评估,主要有头脑风暴法、德尔菲法、电子会议等。根据集成风险管理的系统原则,企业的管理者应当对这些方法进行整合,以避免风险分析有失偏颇。

3. 处理风险

对风险进行评估以后,就需要根据风险的不同类型、不同概率和不同危害制定应对风险策略。具体地说,主要有以下几种风险策略:

(1) 风险规避。所谓风险规避,是指通过不参与有风险的活动来防止风险的方法。对突发性、高风险、损失巨大而又难以回避的风险,中小企业应当有意识地采取避险措施。风险规避可以从三个层面展开:战略风险规避、项目风险规避和方案风险规避。战略风险规避是指从战略的高度出发,通过制定相应的战略规避风险,比如,市场风险控制能力比较差的企业可以通过制定避免不相关多元化的战略。项目风险规避则是指企业不参与某些风险项目的方法。方案风险规避主要指在一个项目当中避免采用某些方案的方法。

(2) 风险降低和控制。企业可以通过采取一些控制措施以降低损失发生的频率、严重性或不可预见性的行为。企业可以在生产经营或项目进行的过程中,通过加强监控来防范风险,使经营和投资朝着预期目标发展。当发现风险很可能发生或已经发生时,及时采取措施减少损失。例如，中小企业应当对库存现金采取必要的防护措施，以降低现金保管中的道德风险和自然灾害等造成的自然风险；又如，企业有必要采取各种可能的措施来降低火灾发生的可能性和造成损失的严重性。

（3）风险转移。风险转移是指企业以一定代价，采取某种方式将风险损失转嫁给他人承担，以避免可能给企业带来灾难性损失。

具体而言，风险转移主要有以下几种方法：首先是向专业性保险公司投保。企业只需定期缴纳一定数额的保险费即可在巨额风险损失发生时获得保险公司的补偿。保险是中小企业转移风险的重要方法之一。然而，许多中小企业往往是在重大损失发生后才认识到保险的作用的，合理的风险管理需要在损失发生之前就对保险单的条款进行仔细的研究，根据企业自身需要制定一个健全的保险方案。其次是风险分担，即由多个主体共同承担风险。如为避免研发风险，中小企业可以和其他企业联合开发某种新产品。再次是风险主体转移。即通过与其他企业签订某种合同的形式将风险转嫁给他人的行为。如通过技术转让、特许经营、租赁经营、业务外包等。根据风险收益均衡定律，风险转移就意味着收益的转移，其他主体因为承担风险必然要求相应的回报，而且承担风险越大，要求的回报越高。

（4）风险保留。风险保留是指将风险留在企业进行处理的行为。风险保留常见的形式主要有自我保险和风险自留。风险自保就是企业从盈余中预留部分风险基金专门用来弥补未来可能发生的损失。风险基金有普通和特定两种形式。普通的风险基金作为应急资金用来弥补未来可能发生的损失，而特定的风险基金则专门用来预防某一特定类别的风险和损失。风险自留则是不采取任何形式的风险处理手段，而直接由企业的盈余来承担风险损失。显然，风险保留的处理方法需要中小企业有足够的财力承受风险损失，并有足够的风险化解能力以不至于因为风险保留而影响企业的可持续发展。

（5）风险组合。将风险不同且互不相关的产品和投资项目进行优化组合，通过产品或项目的盈亏补偿，达到减少整体风险损失的目的。实施风险组合需注意：第一，高风险项目与低风险项目适当搭配，以便在高风险项目遭受损失时，能从低风险项目受益中弥补。第二，所选项目数适当，过多的风险项目组合不经济，过少的风险项目组合则无法有效分散风险。第三，中小企业应当根据企业管理层对风险的偏好程度、所处行业的特点、资金成本、企业规模等因素，确定企业可承受的风险水平。

中小企业在选择风险处理的策略时，企业的管理者通常需要考虑潜在损失的规模和严重性、损失发生的概率、损失发生后用来弥补损失的可用资源情况等方面选择合适的方式。一般地说，潜在风险损失的严重性越大、发生频率越高，中小企业依靠自身资源处理风险的能力越弱，这时企业应当选择风险转移、风险规避、风险减少等方式；反之，若潜在风险损失的严重性越小、发生频率越低，中小企业可以采取风险自留的方式，并可因此获取预期收益。

第三节　中小企业的财务创新观

中小企业的成长过程是一个不断学习和创新的过程。财务创新是中小企业创新体系中的主要内容之一，也是中小企业的可持续发展所提出的内生性要求。我们将基于可持续发展的视角，对财务创新的内涵和机制作深入分析。

一、创新与中小企业财务创新理论

财务创新的概念范畴源于"创新"的范畴。在深入剖析财务创新的内涵之前，有必要首先了解创新的范畴和内涵。

经济学家约瑟夫·熊彼特在1911年德文版的《经济发展理论》中提出了关于经济增长非均衡变化的思想，在1928年英文版的论文《资本主义的非稳定性》中首次提出了创新是一个过程的概念，并在1939年出版的《商业周期》一书中提出了创新理论。约瑟夫·熊彼特认为，创新是企业家对生产要素及生产条件的新组合。这种新组合包括以下内容：①引入新产品。②引入新技术，即新的生产方法。③开辟新的市场。④开辟并利用原材料新的供给来源。⑤实现工业化的新组织。约瑟夫·熊彼特的创新理论提出了企业家能力的重要性。他把"创新"的倡导者与组织实施者称为企业家，认为只有那种敢冒风险、把新的发明引入经济之中的"企业家"才是创新者。企业家与普通的经营管理者有所不同，企业家倡导进行创新活动，是资本主义的灵魂，其职能是实现"创新"，引入"新组合"，而经营管理者只按传统的方式经营企业。尽管约瑟夫·熊彼特的理论主要集中在宏观层面的经济增长，但仍然对微观层面的企业创新理论有重要的理论指导与实践意义。

在约瑟夫·熊彼特提出创新概念以来，创新理论已经发展出众多流派。概括地说，创新理论基本上形成了两大部分，即技术创新和制度创新。自20世纪末以来，信息化和全球化不断地推动企业进行创新。企业作为社会经济的细胞，已经成为创新的真正主体。许多学者对企业的创新活动作了深入分析，并形成了企业创新的理论体系。就内容来看，企业创新是一种全方位的创新，包含着企业经济系统中的一切活动。许多学者认为企业创新包括制度创新、管理创新、技术创新等三部分内容。企业层次的制度创新是指引入新的企业制度安排来代替原来的企业制度，以适应企业面临的新情况或新特点。制度创新的核心是产权制度创新，即为调动经营者和职工积极性而设计的一整套利益机制。几十年来，学术界对技术创新的具体概念和定义尚未达成完全一致。这里有一个比较折中的代表性定义如下：技术创新是以其构思新颖性和成功实现为特征的有意义的非连续性事件。这一定义比较简练地反映了技术创新的本质和特征。经济合作与发展组织在有关文件中对技术创新作了如下描述：技术创新是指产品和工艺的创新，包括实现了新技术的产品和工艺以及技术上有重大改进的产品和工艺，强调产品和工艺被引入市场或应用于生产。管理创新是指企业把新的管理要素或要素组合引入企业管理系统的创新活动。它通过对企业的各种生产要素和各项职能在质和量上做出新的变化或组合，以创造出一种新的更有效的资源整合范式。

制度创新、技术创新、管理创新是企业创新体系中相辅相成、不可缺少的三个部分。制度创新是技术创新和管理创新的前提和基础，技术创新作为一种技术保障机制为制度创新和管理创新提供物质条件，管理创新则是另两种创新的组织保证。

针对企业财务管理所存在的一些问题，一些学者提出了"财务创新"的概念。财务创新是一个发生在企业财务管理系统的创新活动，从空间看，财务创新属于企业创新体系的一个组成部分。前面提到了企业创新体系的三大组成部分，即制度创新、技术创新和管理创新。从具体内涵看，财务创新不能简单地归入其中的一种。笔者认为，从企业财务管理职能的角度看，财务创新属于一种管理创新。通过财务创新，企业重新组合了财务管理中的各种要素，并创造出一种更适合于企业发展的财务资源整合范式。财务管理通常包括投资、融资、营运资本管理等各种活动，这些活动的核心目标就在于如何为企业创造更多的价值。财务创新则是企业管理者追求这种财务目标的集中体现。从另外一个角度看，财务创新还是一种制度创新。企业的利益相关者往往通过财务活动最大化自身的利益，即财务治理与控制。因此，财务创新还体现为财务治理结构和机制以及财务控制的创新。通过财务创新，企业可以与外部利益相关者保持良好的协调与合作关系，同时在企业内部实施有效的财务控制。

中小企业的可持续发展是一个不断学习和创新的过程。创新是中小企业发展的源头和动力，任何一个停滞的企业，都无法在激烈的市场中生存下去。财务创新作为企业创新体系中不可缺少的组成部分，与中小企业的可持续发展之间具有内生的相关性。

二、中小企业财务的管理创新

中小企业财务的管理创新，是指财务在管理层面的创新，是企业为适应内外环境变化而对财务管理要素所做的重新组合，从而重构和建立自身的财务能力。

（一）财务的管理创新与中小企业的可持续发展

20世纪80年代以来，面对经济全球化和信息技术的迅猛发展，企业的外部经营环境发生了重大变化。在这一背景下，许多学者发现"企业成长之谜"，即一些企业的寿命周期很长而另外一些企业的寿命周期很短的现象。对此，演化经济学认为，在外部环境不断变化的条件下，持续的知识创新是企业持续成长的关键。巴顿通过研究指出，企业的核心知识和能力具有刚性，尤其是在外部环境发生重大变化了的条件下，现有的核心知识和能力反而成为企业发展的障碍。只有动态的知识和能力才能促进可持续的发展。所谓动态，是指为适应不断变化的经营环境，企业必须不断地更新自身的知识和能力。显然，这种动态的能力依赖于企业的持续创新。相比较而言，中小企业所面临的不确定性因素要比大企业多，这也对中小企业的持续创新提出了更高的要求。中小企业要发展，需要发挥自身灵活性的优势不断地创新，才不至于因为停滞而陷入破产的危机。现实中，许多中小企业之所以无法成长为大企业，不光是规模等限制条件，还跟自身的创新程度有密切关系。相反，一些成功的企业能够从中小企业发展成大企业也是与持续创新有关。如海尔能够从当初的小电冰箱厂发展成今天的跨国企业集团，也是与自身的创新密切相关。创新意味着企业在技术和市场不断变化的环境中，能够快速有效地整合内部和外部资源，并建立和重构企业的能力。

在中小企业持续创新的过程中，财务创新发挥了至关重要的作用。作为管理创新之一的财务创新活动，能够在外部和内部环境不断变化的背景下，快速有效地整合财务资源，适时地调整投融资方案和营运资本管理策略，从而更好地实现中小企业的财务目标。可以说，中小企业的财务创新是管理创新的核心和主导性创新。演化经济学中有一个惯例的概念，惯例是企业长期重复运行的行为方式，具有相对的稳定性和惰性，除非发生足以影响企业内部调整的变化，否则惯例很难改变。创新则是打破这种惯例的行为活动。由于惯例的稳定性，企业的管理创新活动很难自动发生。而财务创新的先锋作用则对企业的管理创新起了很好的推动作用。企业所面临的最大变化莫过于破产危机。中小企业财务状况的恶化总是会首先激起管理者对企业财务活动的深刻反思，进而产生财务创新的意识和行为，以避免当前的财务危机。与此同时，优秀的中小企业管理者还会意识到管理方面可能存在的问题，进而产生管理创新的动力。正是由于"惯例"，许多中小企业的管理者总是在财务危机来临时才意识到财务创新的重要性，但免不了陷入生存危机。财务创新应当贯穿于中小企业发展的始终，而且只有持续的创新才能够为可持续发展提供一种动力和源泉。需要指出的是，突变性的财务创新如债务重组有时也可以为企业的继续成长提供某种可能性，但这种成本并不是每一个中小企业可以承担的。因此，注重渐进式的财务创新是中小企业促进可持续发展的有效路径。

（二）中小企业财务的管理创新体系

具体地说，中小企业财务的管理创新体系主要包括以下几个方面的内容：

财务观念作为中小企业在财务活动中所秉承的价值观，对财务实践有着深远的影响。演化经济学认为，创新的本质就是培育动态能力。从心理学的角度看，能力是人的潜在性格，是为顺利完成活动而在个体经常稳固地表现出来的心理特点，可以表现为动机、技能等。企业创新更多地体现为能力的创新，通过打破原有的思维定式，产生新的活力。从这个意义上说，观念的创新是中小企业一系列财务创新的前提和基础，只有财务观念创新了，才会产生突破惯有思维的动力。

当前，学术界提出了多种财务观念创新，这里主要列举几个有代表性的观点，如刘建华等认为，在知识经济条件下，企业应当树立人本化、货币时间价值、信息价值、财务创新知识价值等普适化财务观念，资本经营、财务战略、经济效益等层级性财务观念，以及网络财务、风险预警等业务层财务观念。李心合提出了泛财务资源、融智比融资更重要、人本财务等三种财务观念的创新。刘怀珍等认为，在不断变化的财务环境中，企业的财务观念应当在财务战略、创新、预警等方面有所创新。这些创新的观念体现了由注重传统财务资源转向注重泛财务资源、从以物为中心的管理转向人本管理、由单纯注重生产经营转向生产经营与资本经营并重等几种转变。这当然是观念上的重大进步和创新。不过，仍然有些欠缺。这些观念的创新都是基于一般性的企业提出来的，并假定这些企业的资源结构具有较明显的同质性：不存在资本限制、风险等级的一致性，等等。而中小企业财务的特质决定了财务观念的创新应当有别于一般的企业。财务观念的创新必须有助于指导实践，允许观念的超前，但必须具有一定的可行性。因此，中小企业财务观念的创新必须结合自身的成长阶段，以利于可持续发展为准绳，但不可盲目地"赶时髦"，否则"浮夸"、"时尚"的观念可能误了中小企业的发展前程。比如，曾有一个非常流行的财务概念度多元化，一些中小企业将此视为一个科学的财务理念，

但真正成功的企业寥寥无几，而倒因此陷入破产危机的企业则不绝于耳。

但不可否认，学术界提出的诸多创新观念是中小企业在其发展中所需秉持的财务观念。根据中小企业的成长历程，可以把财务观念的创新分为早期的观念创新和后期的观念创新。早期的财务观念创新集中于初始的观念，如在成长初期，中小企业资本受到显著的限制，这时可能注重传统财务资源比较合适。后期的财务创新集中于高级的观念，并开始接近大企业的财务观念。从总体上看，任何中小企业的成长都会经历前面所论述的几种观念的转变。然而，早期的观念与后期的观念并不是泾渭分明的，中小企业应当根据现阶段的关键性资源的稀缺程度秉持合适的财务观念。

就中小企业具体某个成长阶段来说，可以把财务观念的创新分为当期的观念创新和远期的观念创新。主要指导现阶段财务活动的应当是当期的财务观念，远期的财务观念起到一个远景性的指导作用。

2. 中小企业融资创新

中小企业融资难是世界普遍性的问题，并已成为中小企业可持续发展的重要障碍之一。对此，学术界提出了许多化解中小企业融资困境的途径。我们认为中小企业的融资创新也是解决中小企业融资难问题和促进企业可持续发展的有效路径，而且是其他解决路径得以发挥作用的基础。融资创新是指中小企业因"惯例"

无法适应内外部环境变化而在融资环节所进行的变异性重构和建立，并由此获得促进可持续发展的融资能力。我们从企业内部着手分析了中小企业融资的路径：

在这一点上与其他学者的观点略有不同。许多学者主要从宏观的层面阐述了融资创新的一些路径，提出了政府在解决中小企业融资难问题中所应扮演的角色。笔者主要从微观层面对这一问题进行了深入分析，将融资创新的主体限定为：

（1）积极建设信用创造与管理体系。中小企业信用创造与管理体系建设是建立中小企

业信用管理体系、克服中小企业信用缺乏的基础。中小企业通过对自身信用政策制定、信用治理设计、信用信息渠道策略选择、信用风险要素分析、信用的度量等方式进行信用创造和管理活动，从而向外部投资者、客户、供应商、相关利益者提供企业信用状况的信息，有效避免信息内部化现象，缓解与各市场参与者之间的信息不对称状态，并通过制定信用决策、最优的融资策略、投资决策、股利分配、应收账款管理、信息披露等，提高企业价值。

（2）积极创新中小企业融资方式。中小企业可以充分利用金融工程技术创新传统的融资方式。金融工程可以运用的工具主要有：资本、抵押、质押、担保、保险等。这些技术通过某些信号传递机制或激励机制，为债务人的信用状况寻求内部或外部的保证，从而在一定程度上降低信用风险，进而降低债务人的融资成本和提升其融资能力。由于中小企业和大企业有着不同的成长阶段和财务特质，融资创新的内容会有一些差异，可能存在这样的情形：就中小企业而言属于创新的融资方式，对大企业来说有可能是极其平常的融资方式。因此，创新也应当与中小企业自身的融资能力、成长特征等结合起来，只要新的融资方式可以促进中小企业的可持续发展，那么它就是一种创新的融资方式。

金融工程在直接融资方式创新方面的作用主要体现在以下几个方面：一是通过金融工程设计合适的金融工具以合理搭配风险与收益；二是把资产的信用从企业总体的信用等级中分离出来，以高信用资产为担保进行融资；三是设计期权购买计划，以适应中小企业所面临的持续增长的融资需求；四是通过战略联盟、资产置换、并购等形式实现融资的内源化。运用金融工程对间接融资工具进行创新，主要是指针对不同类型的中小企业设计不同的贷款品种。如制造业中小企业拥有较多的固定资产，并且有真实的商品交易作为信用保障，其融资机制的创新应当更多地从增加资产信用方面考虑，以机器设备的融资租赁取代单纯的贷款。此外，中小企业还可以采取票据贴现融资、保理等方式进行融资。当然，上述融资方式还可以进行组合，以设计出合理的融资工具。

（3）培育良好的财务关系。财务关系是企业在融资活动中与银行等金融机构之间所形成的合作与共享关系。与金融机构保持良好的关系，能有助于中小企业财务活动的顺畅进行，提高企业的融资能力，为企业摆脱暂时的资金周转困难发挥积极作用。然而，财务关系不是一朝一夕就能建立的，它是企业在与金融机构之间相对封闭的交易关系中形成的，即企业固定地与少数几家金融机构打交道，并在彼此反复地博弈中加固了这种财务关系。正是基于财务关系的重要性，许多学者提出了关系型借贷的融资方式。所谓关系型借贷，是指银行根据与企业之间所保持的长期、密切和相对稳定的关系做出信贷决策。一般认为，信息非均衡和信用缺失是中小企业融资难的主要原因之一。而良好的财务关系所产生的各种软信息可以在很大程度上替代财务数据、抵押品等发出的硬信息，因此可以减少中小信息非均衡的严重程度，大大改善其不利的信贷条件。与财务关系的概念相类似，刘建长还提出了"将财务公关引入财务管理活动"的观点。他认为，一个具备良好财务公关的企业有可能争取到优惠的贷款、应付款的延期支付而又不损及公司信誉等，这样即可降低融资成本；还有可能得到财政的补贴、政策的倾斜、舆论的支持与公众投资者的信任，这样就可顺利地筹集经营所需资金、减少费用、增加收益，从而加快企业的发展。可见，良好的财务关系可以增强中小企业的融资能力，并在一定程度上弥补由中小企业信息非均衡和风险等级不一致性的财务特质所产生的融资缺口。

3. 中小企业投资创新

中小企业投资创新是指企业为重构和建立投资能力而进行的一种资源要素的重新整合。根据中小企业的投资现状，笔者认为中小企业可以在以下几个方面有所创新：

（1）建立起科学的投资理念。从广义的角度看，任何资产占用的增加活动都可视为一种投资。简单地说，企业的投资目的就在·于追求资本增值。所谓的投资理念则是贯穿于这一系列投资活动中的行为风格。中小企业有必要树立以下几点投资理念：

①盘活闲置的资金，树立企业理财的理念，所谓将"死钱"变成"活钱"。如许多中小企业不善于理财，往往将闲置的现金作为活期存款存入银行。其实，中小企业可以根据未来的现金支出计划，可以选择一些比活期存款收益率更好的投资方式，比如，提前通知存款、短期债券等。

②树立长线投资理念。许多中小企业的投资行为过于短期化，投机动机过浓。以证券投资为例，巴菲特在长期的投资实践中，通过对现代证券投资理论的研究，提出了非常著名的巴菲特战略投资理念。该理念的核心就是长期投资并持有实质价值（绩优）的企业和企业的股票，树立接近零风险的战略投资理念，即充分了解把握了市场，又远离了市场，继而战胜了市场。巴菲特投资理念也可以应用在中小企业的实物资产投资决策方面，注重长期收益可以避免投资短期化所带来的一系列弊端，如以损害长远发展为代价追逐短期的利润。

③树立投资的社会责任理念。中小企业不是孤立于社会的纯粹的"经济人"，它还是一个社会人。企业的发展还受到包括社区在内的利益相关者的制约和影响。对社会责任的关注，尽管可能在短期内减少了利润，但却可以给中小企业带来长期的价值。因t此，中小企业在选择投资项目时必须树立社会责任的理念，摒弃只重经济利润而不注重环境保护的落后的投资价值观。

（2）树立科学的投资决策体系。科学的投资决策体系是企业提高效益的重要途径。投资决策的科学与否直接影响了企业能否及时收回投资。中小企业强烈的成长意愿与技术开发能力、市场开拓能力及管理能力缺乏之间的矛盾，决定了其理财思想较大企业要更为稳健，切忌操之过急，盲目扩展。但许多中小企业却恰恰犯了"大跃进"的错误，突出表现在：投资过于激进，急于扩大固定资产投资而忽略日常运营资本可能的短缺；对技术创新的前景过于乐观，而忽略了市场的前景；偏好多元化经营，等等。因此，中小企业科学的投资决策体系应当包括以下几个方面的内容：首先，有企业发展的总体战略，任何投资决策应该围绕这一战略展开；其次，建立有效的决策支持系统，使之能对企业内外部环境进行 SWOT 分析等，以辅助决策者的科学决策；此外，可以建立专家系统，提高决策者处理信息和评价众多可行方案的能力，改变以经验、主观判断为主的决策，消除决策中的随意性。除了述几个方面外，笔者认为，中小企业的决策者不断地组织学习也是提高投资决策科学性的必由之路。其实，中小企业的可持续发展过程本身就是不断学习的过程，创新的产生依赖于学习。

（3）研发投资创新。我国中小企业的研发投资存在融资困难、人才匮乏、创新风险大等一系列障碍因素。这些障碍影响了中小企业技术创新本能的有效发挥。因此，中小企业有必要进行研发 % 投资的创新，打破"自我开发—自我生产—自我销售"的封闭模式，建立一种全新的、开放式的产品技术开发机制。研发投资创新的有效路径主要有以下几个方面：一是合作技多术创新。与大企业相比，中小企业的研发受到人才、基础设施、资金、信息等资源条件的限制，而技术创新又是中小企业发展所必需究的。可见，中小企业的研发面临着成长意愿与资源限制之间的矛盾。合作技术创新为解决这种矛盾提供了可能的途径。合作技术创新的经验显示，中小企业可以与外在的力量诸如政府机构、其他企业（包括大企业和中小企业）、科研院所、社会技术中介服务机构、国际研究机构等进行合作研究，从而充分利用各自的比较优势，共同开发新产品。此外，中小企业还可以参与国际科技开发合作。二是委托开发。对于有资金但缺人才的中小企业，委托开发可以缓解中小企业人才缺乏的压力，是一种可行的研发投资模式。企业通过与高校、科研院所、其他企业等机构合作，将产品开发业务外包，企业只监督科研成果的验收。三是交叉开发。交叉开发就是进行技术互换或技术贸易，将自身开发出来的新技术、新产品同其他企业交换，以获得最符合企业自身发展战略和市场开拓战略所需要的产品、技术，真正实现共赢的目标。四是技术转移和技术服务。对于有人才但缺乏资金的中小企业，可以受托开发其他企业委托的技术项目，并从中获取技术开发服务费。与此类似，中小企业如果发现某项技术投人生产后的经营风险比较大，可以将技术转移给其他企业，这也是研发的一种投资模式。

三、中小企业财务的制度创新

制度层面的财务创新（或称为财务的制度创新）也是中小企业可持续发展必不可少的创新活动。财务的制度创新是企业制度创新在财务方苛的集中体现，它是指利益相关者之间为达到利益的协调与合作目而寻求一种财务合约的新的制度安排。

（一）财务的制度创新与中小企业的可持续发展

制度创新理论认为，一种新的安排只有在当创新改变了潜在的利润或者创新成本的降低使得安排的变迁变得经济合算时才会发生。也就是说，游离于现有制度安排之外的利润产生了企业制度创新的需求。企业制度创新表现为从一种均衡状态到不均衡状态再到新的均衡状态的制度变迁过程。对经济利益的追逐决定了制度创新的结果必然表现为经济利润的增加，至少与原来持平。企业制度创新的内容很丰富，我们主要从财务的视角出发研究制度创新与中小企业的可持续发展之间的密切联系。财务的制度创新主要包括财务治理与财务控制两个方面的内容：

财务治理主要是指企业的股东大会、董事会、经理层等关于财权配置的一系列制度安排。健全的财务治理机制是完全公司治理结构的重要内容，有助于提高公司治理的效率。现代公司治理理论已经充分证明了公司治理效率与企业发展之间的正相关性。邓宁（Dunnng，1997）指出，在激烈的竞争中，任何企业只要在治理机制的某一方面存在缺陷或处于劣势，就会在长期的竞争中输给治理机制完善的竞争对手。中小企业的财务治理机制还包含财务约束和激励机制。有效的财务治理机制，能够鼓励利益相关者向企业投入更多的专用性资源，从而为中小企业的可持续发展提供必要的资源支持。财务控制是中小企业内部控制的核心。有效%的财务控制可以避免财务管理漏洞、确保财务运行机制的顺利运行。随着中小企业的成长，其业务流程将发生较大变化，与此同k时，财务控制制度逐渐显示出不适应性甚至产生较大的管理漏洞。

许多中小企业就是因为无法有效实施财务控制而导致对业务快速霖增长的失控，如河南郑州的亚细亚商场。因此，中小企业必须根究据经营环境、业务等因素的变化进行财务控制制度的创新，以保持信息流和业务流的畅通和一致，以有效控制财务活动，从而为中小企业的可持续发展提供保障。

（二）中小企业财务的制度创新体系

具体地说，中小企业财务的制度创新体系主要包括财务治理与财务控制两个方面的创新。财务治理与财务控制是两个既有区别又相互联系的概念。财务治理的核心是解决财权在不同治理主体之间的配置问题，注重利益相关者之间的利益协调，属于公司治理的范畴；而财务控制的核心则是通过一系列的控制措施和方法进行企业的价值管理，反映了财务管理的基本职能，属于内部控制的范畴。财务治理与财务控制无论在实务还是理论上都是两个相互联系的概念范畴。一方面，两者的目标是一致的，都服从于企业的财务目标；另一方面，两者互为前提，相互促进，财务治理为财务控制提供制度和机制保障，而财务控制则在财务治理的框架下控制和调节具体的财务活动。因此，财务治理与财务控制的创新应当齐头并进。

1. 中小企业财务治理创新

财务治理理论主要来源于公司治理相关的一系列理论，同时是公司治理重要的组成部分。财务治理作为公司治理的一部分，在研究问题的角度、思路和方法等方面必然要遵循、借鉴公司治理t理论。应当说，公司治理理论对财务治理理论的指导是全方位的。一般认为，公司治理产生于代理问题。哈特指出，在不存在代理问题的情况下，公司治理是无关紧要的。Hand 将中小企业最重要的代理关系归纳为五类，即业主与经理、业主与雇员、业主与债权人、业主与少数股东、业主与政府之间的代理关系等。在中小企业不同的组织形式中，代理关系有一些差异。但是对绝大多数中小企业来讲，业主往往同时兼任经理之职，因此，企业所有者与企业经营者之间的代理关系一般不存在或者很微弱。规模越小，这一代理关系越淡薄。也就是说，对于绝大部分来说，控制权和经营权的分离基本上是不存在的。而且，许多中小企业仍然实施家族式管理，远未建立起现代公司的法人治理结构（包括股东大会、董事会、监事会"三会"）。可见，中小企业的代理关系与大企业的代理关系有较大差异。在这样的情形下，中小企业的公司治理将表现出与大企业显著不同的特征。

尽管在大多数中小企业中，不存在所有者和经营者之间的代理问题，但并不意味着其他代理问题也可忽略不计。由于业主和经理是合二为一的，企业的主要财务决策往往由一人做出，这样不可避免地使企业的财务决策受业主个人效用最大化目标的驱使，使得个人价值取向和偏好融入企业的财务目标之中。在这样的背J景下，财务治理实质上是业主主导型的治理结构。但业主的目标与债权人、顾客、雇员、政府等企业利益相关者的目标往往是不一致的。从利益相关者理论出发，布莱尔认为，公司治理应当为利益多相关者服务，因为雇员等专业化投资者也是风险的承担者；任何专％业化投资的一方必然会要求参与企业剩余的分配，从而使包括职工在内的所有利益相关者分享剩余索取权成了合理的要求。尽管许多学者对利益相关者治理的可行性和理论依据提出质疑，但该理论所倡导"关注利益相关者"的观点仍然具有非常重大的意义。因此，笔者认为，中小企业目前的财务治理结构和机制有必要作一定的创新：

（1）财务治理应当兼顾利益相关者的利益，并让关键性资源所有者参与财务治理。所谓关键性资源，是指在企业的经营管理中具有较强谈判力的资源。关键性资源在不同的中小企业以及不同的成长阶段的含义是不同的，有时是物质资本是关键性资源，有时则是人力资本，或者二者兼而有之。鉴于人力资本在企业发展中起着越来越重要的作用，人力资本作为关键性资源在企业中的"谈判力"正日益加强，因此，中小企业尤其是科技型中小企业中，有必要让雇员等参与财务治理。关键性资源所有者参与治理也是激励约束机制的一种创新体现。

反复提到，企业已经成为一个围绕关键性资源的专用化投资网络，工人、供应商或消费者等都向企业投入了专用性资源。因此，治理机制的创新可以大大激励关键性资源所有者专用性投资的积极性，从而为中小企业的可持续发展贡献相关的资源。

（2）知识和信息专家参与财务治理。财务治理不仅仅是一种治理结构和机制，还是一套决策程序。知识和信息专家可以在公司治理中凭借专家知识和经验起到辅助治理的作用，提高财务决策的科学性，从而提高公司治理的效率。这在知识经济时代，显得尤其重要。

2. 中小企业财务控制创新

财务控制是通过制定财务制度、财务定额、财务计划、财务目标等对企业日常财务活动进行指导、组织督促和约束，以确保财务计划（目标）实现的管理活动。财务控制是现代控制论在财务管理活动中的应用，是财务管理的核心，与财务预测、财务决策、财务分析与评价一起成为财务管理的系统或全部职能。

中小企业由于受企业规模和人员素质的限制，在财务控制方面存在以下几个弱点：

（1）没有良好的现金控制计划，造成现金闲置或者短缺。有些中小企业，对现金管理没有投资理念，认为现金越多越好，造成现金积压和闲置。而有些企业则采用了过于激进的现金管理策略，用营运资金购置了大量的固定资产，造成资金周转的困难和现金短缺。

（2）存货控制薄弱，没有按照科学的控制方法管理存货。存货超过经济持有量，自然就会增加存货的持有成本，从而造成资金呆滞。

（3）信用风险控制薄弱，导致中小企业的坏账过多。

（4）财务活动脱离了价值链，无法对各环节的风险、收益、成本进行有效监控。

（5）疏于日常记录，缺乏完整的财务资料，这势必会给自我评估、融资、计划、预算等财务管理工作带来很多困难。

对此，中小企业有必要进行财务控制的创新。财务控制创新是财务控制能力的重构和建立。由于中小企业与大企业的财务控制能力原本就处于不同的水平上，因此，大企业和中小企业财务创新的衡量标准是不一致的。只要能够提高自身的控制效率、风险防范能力的新的控制方式和方法都是创新。就中小企业财务创新而言，主要有以下几个方面的创新：

（1）再造财务控制流程。由于不同组织的性质、目标、业务、管理不同，其财务控制流程也有所差异。但是，如果把企业的实际流程进行抽象，从企业管理者的角度看，企业的流程通常可以分为业务流程、财务（会计）流程、管理流程。当前许多中小企业的财务控制流程与业务流程是脱节的，企业无法对业务活动实施实时监控。这样的结果必然是采购、生产、销售等各价值链的失控。对此，中小企业有必要树立价值链财务的观点，将财务控制流程与业务流程紧密结合起来，让财务人员嵌入业务活动。

（2）中小企业还需建立全方位的财务控制体系。所谓全方位，是指中小企业的财务控制必须渗透到组织管理的各个层次、生产业务全过程、各个经营环节，覆盖企业所有的部门、岗位和员工。

一个全方位的财务控制体系应当包括至少包括以下两个方面的内容：一方面，运用实时的财务控制方法，如预算管理、财务结算中心、财务业绩评价等，从而对业务活动展开事前、事中、事后的监控；另一方面，设立多道财务防线，为财务活动稳健、高效运行提高有力保障。首先，建立采购、生产、营销、融资、投资等业务活动的操作与管理程序以及岗位责任、岗位分离、授权等控制制度，从制度上保证操作规范，堵住漏洞，维护安全；其次，建立科学合理的财务文档传递程序和制度，保证财务文档的及时传递；再次，利用内部审计部门独立对各岗位、各部门、各项活动尤其是财务活动全面实施监督和调节。

（3）注重关键点的财务控制创新。所谓关键控制点是指对该点的控制效果和效率将决定整个控制体系的效果和效率。中小企业的关键控制点在于现金、存货和信用风险的控制。当前许多中小企业财务控制的漏洞就发生这三个关键点上。

第三章　中小企业财务分析与增长管理

中小企业财务管理的基础工作之一就是财务分析。通过财务分析，中小企业的管理者可以评估企业目前的财务状况和预测未来的增长，并据此做出相应的财务决策。财务分析和企业增长管理是中小企业财务管理中两个紧密联系的问题，一个不懂得财务分析方法的管理者将很难管理企业的增长，也无法实现企业的平衡增长和可持续发展。

第一节　中小企业财务分析概述

财务分析是中小企业财务管理的主要内容，财务分析的对象是中小企业的定期财务报表。财务报表能综合地反映企业在一定会计期间内资金流转、财务状况和盈利水平的全部信息，它是企业向外部传递经营信息的主要手段。外部投资者通过财务报表就账面会计数据间的相互关系、在一定时期内的变动趋势和量值进行分析，以判断企业的财务状况和经营状况是否良好，并以此预测企业的未来发展以及做出投资决策。企业内部管理者也可通过对财务报表的分析，掌握企业运行的真实信息，从而确定财务管理的原则和策略。

第二节　中小企业财务分析的作用

财务分析是以企业的财务报表等会计资料为基础，对企业的财务状况和经营成果进行分析和评价的一种方法。财务分析可以提供比财务报表更全面、更可靠的财务信息，在企业的经营管理中具有重要的作用。

（1）通过财务分析，可以了解企业的偿债能力、营运能力和盈利能力，便于管理当局评价企业一定时期的财务状况和经营成果，发现企业生产经营活动中存在的问题，总结财务管理工作的经验教训。通过对历年财务报表数据的分析对比，揭示出各期的变化情况及规律，为企业生产经营决策和财务决策提供重要的依据。

（2）财务分析可以为投资者、债权人和其他有关部门和人员提供系统的、完整的财务分析资料，克服、弥补财务报表信息的单一性，揭示出报表信息中隐藏的丰富内容。便于报表使用者更加深入地了解企业的财务状况、经营成果和现金流量情况，为经济决策提供依据。

（3）财务分析可以作为衡量经营业绩的重要依据。通过对企业内部各职能部门和单位完成财务计划指标情况的检查，可以考核各部门和单位的工作业绩，从而划清经济责任，促使经营者不断改进工作，提高管理水平。

财务分析的目的包括总体目的和具体目的。财务分析的总体目的是识别企业的财务活动在趋势、数量及其关系等方面的主要变化，并了解这些变化的原因，明确决定性因素和问题的关键，增强对经营活动规律的认识，科学地预见未来的发展潜力。财务分析的具体目标是在总体目标的制约下，各分析主体根据自己的切身利益进行特定目的的企业财务分析。财务分析主体的最大特征是多元化，包括投资者、债权人、经营者、政府部门和其他利益相关者。不同的主体有不同的分析目的和内容。一般认为，企业所有者最主要关心企业的资本保值和增值状况，其进行财务报表分析的目的是衡量企业现在和将来的盈利能力及盈利的稳定性；企业经营者必须考虑多方面的因素，满足不同利益主体的需要，协调各方面的利益关系，其进行财务分析的目的也是综合了各种利益主体的目的；债权人主要关心投资的安全性，其分析目的在于衡量企业的偿债能力、资产的流动性和长期的盈利能力；职工、中介机构等其他利益关系人的分析目的也与维护其自身的利益有关。

二、中小企业的财务报表

中小企业财务分析最主要的资料来源是财务报表，包括资产负债表、利润表和现金流量表。

1. 资产负债表

资产负债表是反映企业某一特定日期财务状况的会计报表，它是根据资产、负债和所有者权益之间的相互关系，按照一定的分类标准和顺序，把企业特定日期的资产、负债和所有者权益各项目予以适当排列，并对日常工作中形成的大量数据进行高度浓缩整理后编制而成的。它能提供资产、负债和所有者权益的全貌，表明企业在某一特定日期所拥有或控制的经济资源，所承担的负债义务和所有者对净资产的要求权。利用资产负债表不但可以了解企业的资产分布及其来源渠道，还可以了解企业的短期偿债能力、财务结构和长期偿债能力。

2. 利润表

利润表是反映企业一定期间生产经营成果的会计报表。利润表把一定期间的营业收入与其同一会计期间相关的营业费用进行

配比，以计算出企业一定时期的净利润。运用利润表提供的构成企业利润或亏损的各项明细资料，还可以分析企业损益的形成原因，从而有助于管理人员做出合理的经营决策。

利润表主要反映以下几方面的内容：

（1）构成主营业务利润的各项要素。主营业务利润从主营业务收入出发，减去为取得

主营业务收入而发生的相关费用后得出。

（2）构成营业利润的各项要素。营业利润在主营业务利润的基础上，加其他业务利润，减营业费用、管理费用和财务费用后得出。

（3）构成利润总额的各项要素。利润总额在营业利润的基础上，加减投资收益、营业外收支等后取得。

（4）构成净利润的各项要素。净利润在利润总额的基础上，减去本期计入损益的所得税费用后得出。

3. 现金流量表

现金流量表反映的是企业的历史现金流量。现金流量表通过列示现金的流入和流出以反映企业在过去一定时期内的经营活动、投资活动和筹资活动的动态情况。它与先前以营运资本为基础编制的财务状况变动表相比，发挥了更为显著的作用。现金流量表作为历史现金流量的载体，它的作用同时反映了历史现金流量的作用。这主要体现在以下几个方面：

（1）现金流量表的编制与资产负债表、利润表不同，它是以现金的收支为基础编制的。因此，它可以消除权责发生制、收入费用配比原则等人为主观因素对企业获利能力和支付能力的影响，有助于会计报表使用者对企业实际的偿债能力和发放股利的能力以及对外部资金的需求情况做出较为可靠的判断，从而增强投资者和债权人的伯心。

（2）现金流量表通过列示经营活动、投资活动和筹资活动产生的现金流量，反映了企业利用其经济资源创造或获得现金流量的

能力。中小企业管理者可据此分析企业未来获利或支付现金的能力。

（3）通过现金流量表不仅可以分析企业历史现金流量的流向、变动等特征，而且还可以分析现金流量对公司财务状况和经营成果的影响。

我国发布的《企业会计准则——现金流量表》，要求企业用直接法编制现金流量表，并在附表中提供以间接法将利润调整为经营活动现金流量的信息，以帮助企业的经营者等信息使用者如实把握现金流入、流出和余额的变化。事实上，许多中小企业不太重视现金流量表的编制，往往为了应付审计或税务申报，现金流量表成了一种摆设而已。从现金流量表承载的功能来看，如何充分认究识现金流量表，充分利用现金流量表进行财务分析，对处于中小企业角度的投资者、债权人评估企业未来的现金流量，评估企业偿还债务和对外筹资，分析本期净利与经营活动现金流量的差异等方面都有重大的意义。因此，中小企业经营者应重视现金流量表的编制。

三、中小企业财务分析的程序

中小企业财务分析一般需要遵循以下几个步骤：

1. 确定分析目的，制定分析计划，选定适当的评价标准

进行财务分析要明确分析目的，这是分析的出发点和归宿，只有先明确要对哪些方面

的内容进行分析，才能确定分析的对象和范围，搜集有关资料。其次，还需要选定适当的评价标准，以据此评价分析对象。

2. 搜集有关资料

在进行财务分析时，仅有企业的几张报表是不够的，还需要搜集相关信息。收集的资料应包括宏观信息和微观信息。宏观信息一般包括国家的法令和政策、国民经济所处的经济周期、通货膨胀率、利率以及企业所处行业的经济情况。微观信息主要指来源于企业本身的资料，一般包括：企业定期编制的财务报告及其有关会计核算资料、企业采取的会计政策、注册会计师的审计报告等。

3. 采取适当的方法，做出评价

根据分析目的、分析重点，采取相应的分析方法、手段，对搜集到的资料进行适当的加工整理和计算，以便获得隐含在报表资料中的重要关系和其他一些新的财务数据和指标。将分析结果与设定的标准进行比较，以查找出现差异的原因以及找出影响企业经营活动的各种因素，包括外部因素和内部因素。在分析的过程中，企业应当抓住主要问题，即影响企业生产经营活动的主要因素，进行重点分析，以便查明影响企业经济指标增减变动的原因。

4. 出具分析报告

在分析的基础上，将分析的结果做出书面报告，得出结论，并予以解释。一个好的财务分析报告应该能够全面、准确、及时地反映企业的财务状况。财务分析报告的内容主要包括各财务指标的实际数、设定标准、差异以及差异的分析结果和对策，等等。财务分析的时间一般分为定期和不定期两种。对于常规的评价和控制项目，企业可以定期进行财务分析。如每月出报表后，企业的财务人员应当及时对当前的财务状况进行分析，并对下个期间的财务状况做出预测。对于非常规的项目，则应根据企业管理者的决策需要随时分析和报告。中小企业最大的优势在于反应灵敏，能对外部环境的变化做出及时反应。与此相配合，客观上就要求财务分析应该迅速及时，以便使管理者掌握企业当前的财务状况，了解自身的优势、劣势、机会和威胁，做出正确的经营决策。

四、中小企业财务分析评价标准

财务报表分析的一个重要目的在于根据分析结果做出正确的预测和决策，对未来经营管理活动做出指导与规划。可见，财务指标结果本身并不是财务分析的目的，只有将财务分析结果与评价标准进行比较，找出差异的原因才是财务分析的目的。因此，要衡量企业经营业绩或者财务状况的好坏，首先就应选择合适的评价标准。根据不同的评价标准可以对同一个分析对象做出不同的分析结论。因此，选择合适的评价标准对于正确的财务分析具有重要的意义。

中小企业进行财务分析的标准可以分为四类：预算标准、历史标准、外部标准、经验标准。企业可以选择其中一个作为财务分析结果的评价标准，也可以同时选择几个标准针对不同的目标进行财务评价。

1. 预算标准

预算标准是企业根据自身经营条件或经营状况、尽可能准确预测未来情况、深入分析自身环境条件的基础上制定的，它较为准确、全面地反映了企业生产经营的实际情况。预算标准通常还与企业的财务战略目标紧密联系，体现了企业的意图和宗旨，因此具有较强的目标导向作用。当然，预算作为评价标准的局限性也是显而易见的。这主要在于预算标准的制定受到较多人为因素的影响，可能缺乏可操作性和客观性。这是因为，中小企业尚未形成编制预算的制度，预算本身的编制掺杂了许多不可行的成分；中小企业在人力、能力等方面的限制也使得编制预算的数据具有较多的主观性和随意性；中小企业外部环境的变化也影响了预算本身的可操作性。所有这些问题都值得探讨。在这一情形下，实际和预算的差异本身就是预算不合理造成的，而不是经营本身的问题。此外，现有的预算编制往往只是根据自身的资源条件进行编制，而忽略了竞争对手的表现。因此，如果中小企业以预算作为财务分析的评价标准，就必须提高预算编制的合理性和科学性，减少人为的主观性和随意性，同时联系竞争对手的表现。

2. 历史标准

历史标准是指企业以过去某一时间的实际状况或者业绩作为财务分析的评价标准。采用历史标准，对于评价企业自身经营状况和财务状况是否改善是非常有益的。许多中小企业在财务分析时之所以采用了历史标准，就在于该标准简单易行、容易操作、并具有一定的可比性。但不可否认该评价标准也具有一些缺陷：一是中小企业由于其灵活的经营机制，在不同时期其经营环境可能发生重大变化，从而使得这种比较失去意义；二是历史业绩可能很糟，如果以其为标准，不可能知道当期业绩究竟是好还是坏；三是一些中小企业成立时间较短，无法选择可靠、可供参考的历史数据四是适用范围较窄，只能说明企业自身发展变化的情况，而 g 无法全面评价企业在同行业中的地位和水平。因此，在选用历史标准时，企业还需要评估企业环境有没有发生重大变化、历史标准本身是否可靠和具有代表性等，并与行业水平相比较。

3. 行业标准

行业标准是指以反映行业财务状况和经营状况的平均水平或者最高水平。在财务分析中采用行业标准，可以更好地说明企业在行业中的地位，并认清与竞争对手相比自身的优势和劣势所在，为企业提供某些有用的启发，帮助企业确定未来的发展方向，或者找到新的经验机会。此外，行业标准具有较强的激励作用，可以激发员工的积极性，不过，采用行业标准也有一定的局限性：一是由于会计政策等方面的差异，同行业的两个企业可能并不具有可比性，因此在进行有关财务分析时要具体情况具体分析；二是由于一些规模比较大的中小企业是跨行业经营的，不同的经营业务具有不同的风险等级和盈利能力，因此若采用某一具体的行业标准作为财务分析的评价标准是不合适的；三是就中小企业而言，一些财务方面的数据是不对外公布的,因此行业标准难以获得。

4. 经验标准

经验标准是指从大量的财务实践中总结出来的具有普遍意义的标准,具有一定的客观性。比较常见的有:流动比率不能小于2,速动比率不能小于1,等等。经验标准在一般的财务分析中应用比较多。但经验标准并不是绝对的,还需要联系具体情况进行分析。

选择不同的标准对于评价中小企业的财务状况具有不同的影响,因此选择合适的标准非常重要。前面所提到的四个标准各有利弊,所以,在财务分析中,不能孤立地选择某一标准,而应该综合应用各种标准,从不同的角度对企业经营状况进行客观评价。

五、中小企业财务分析基本方法

财务分析通常有以下几种基本方法。中小企业可以根据财务战略目标、自身的资源条件选择合适的财务分析方法。

1. 比率分析法

比率分析法是指通过将两个有关的会计项目数据相除从而得到各种财务比率,以揭示同一张财务报表中不同项目之间或不同财务报表的有关项目之间所存在的内在联系的一种分析方法。比率分析法可以把某些不可能直接对比的指标经过计算得出比率后,利用其比率数值进行分析,得出评价结果。

比率分析法包括相关比率分析法、结构比率分析法及动态比率分析法。相关比率分析法,即利用两个性质不同,但又有联系的相关指标加以对比分析的一种技术方法。结构比率分析法,即通过计算各指标占总体指标的比重进行评价分析的一种方法。动态比率分析法,即将不同时期同一类指标的数值进行对比分析的一种方法。比率本身只是一种指标信息,只有通过前后期比率的比较,或以本企业的比率与同行业的经验比率或标准比率对比,才能观察到企业财务状况的变动趋势与程度,衡量出企业某一方面在同行业中所处的地位。

2. 横向分析法

横向分析法又称动态分析,是将反映企业报告期财务状况的财务报表与反映企业前期或历史上某一时期财务状况的报表予以并列进行对比,研究企业各项经营业绩或财务状况的发展变动情况的一种分析方法,,通常将企业连续两年或多年的会计报表数据并行排列在一起,并增设"绝对金额增减"和"百分率增减"两栏,编制出比较财务报表,以揭示各会计项目在这段时期内所发生的绝对金额变化和百分率变化情况。横向分析法可以揭示出企业各方面存在的问题,为全面分析财务状况奠定基础,也可应用于同类企业之间的对比分析,以找出企业间存在的差距,明确本企业的定位。

3. 纵向分析

纵向分析法又称静态分析,是将企业编制的财务报表中的某一关键项目金额作为共同基数并定为100%,然后分别计算其他有关项目占共同基数的百分比,以揭示出财务报表各项目的相对地位及其与总体的关系。纵向分析主要通过编制"共同比财务报表"或称百分比报表来进行分析。纵向分析法可以将分析期各项目的比重与前期同项目的比重进行比较，研究其变动情况。同时，以百分比形式反映的财务报表消除了同一企业不同时期和不同企业之间因规模等造成的差异，形成了可比基础，因而可以将本企业分析期各项目的比重与同行业平均水平或同类其他企业的可比项目比重进行比较，以找出差距。

4. 趋势分析法

趋势分析法又称趋势分析或指数分析，是横向分析法的延伸，是将连续多年的财务报表的数据集中在一起，选择其中某一年份作为基期，计算每一期间各项目对基期同一项目的百分比或指数，以揭示各期间财务状况的发展趋势。为便于找出趋势的规律，趋势分析法应涉及较多的年数或期数，至少应包括连续三个以上比较期间的数据。趋势分析法既可用于会计报表的整体分析，也可对某些主要指标的发展趋势进行分析。在进行趋势分析时，应选择恰当的基期和具有针对性的分析项目，以正确揭示其发展趋势。

5. 因素分析法

嵌入因素分析法是利用各种因素之间的数量依存关系，通过因素替换，从数额上测定各因素变动对某项综合性指标的影响程度的一种分析方法。一个经济指标的完成往往是由多种因素造成的，只有把这种综合性的指标分解为它的各种构成要素，才能了解指标完成好坏的真正原因。

第三节　中小企业财务比率和趋势分析

比率分析和趋势分析是最常用的两种财务分析方法。前者注重单一期间，后者则注重跨期间的发展趋势。通过比率分析和趋势分析，中小企业可以较为全面地评价企业当前的财务状况及其发展趋势。

一、基本财务比率分析

财务比率涉及企业经营管理的各个方面，主要包括企业的偿债能力、营运能力、盈利能力和发展能力。本节使用某中小企业 A 公司的有关财务报表作为实例加以介绍。

（一）偿债能力分析

中小企业进行贷款时，贷款人主要关心企业能否到期还本付息，使其取得贷款收益，也就是企业的偿债能力如何。分析企业偿债能力的指标可以分为反映企业短期偿债能力的指标——变现能力比率和反映企业长期偿债能力的指标、变现能力比率——负债比率组成。

变现能力比率用来衡量一个企业的短期偿债能力，其主要取决于资产在短期内转化为现金的速度，即资产的流动性，变现能力比率也被称为流动性比率，主要包括流动比率、速动比率和现金比率三个比率。

资产负债率反映了企业资产总额中利用负债筹资的比例，从企业所有者的角度看，资产负债率越大，自有资金所占全部资本的比例越低，有利于扩大生产规模，可以利用财务杠杆，在全部资本利润率高于借款利息率时会降低加权平均资本成本。从企业债权人的角度看，资产负债率越高代表权益资本占全部资本的比重越低，即债权人债权的安全程度越低。当资产负债率过大时，说明企业的债务负担过大，整体实力不高，企业进行债务融资会较为困难。总的说来，资产负债率越高，财务风险越大；资产负债率越低，财务风险越小。

（2）产权比率

产权比率是指负债总额与所有者权益的比值，也被称为债务股权比率，用来衡量企业财务结构的稳定程度。

产权比率为企业资本中来自债权人的资本与来自股东的资本的比例。产权比率在衡量企业长期偿债能力上与资产负债率基本相同，两者主要区别在于，资产负债率主要分析偿付负债的物质保障程度，产权比率则用于分析企业财务结构的稳定程度。一般来说，产权比率应当小于1，即股权资本应大于债权资本才能保证企业的偿债能力。债权人会认为产权比率越低越好，产权比率越低，其债权的保障程度越高。但过低的产权比率会影响企业财务杠杆作用的发挥，因此在进行分析时，应权衡风险与收益的关系。

（3）有形净值债务率

有形净值债务率指企业负债总额与有形净值的比值，是对产权比率的更精确计算，将无形资产从股东权益中扣除，变为有形净值。

偿债能力有形净值债务率将不能用于偿债的无形资产扣除，比产权比率更加谨慎、保守地计算了企业清算时债权人投入的资本受到股东权益保障的程度。对有形净值债务率的分析与产权比率相同。

（4）已获利息倍数

企业的债务包括债务的本金和利息，其中利息费用是当期负担的，衡量企业偿付借款利息的能力就需要计算已获利息倍数，也称为利息保障倍数，它是指企业息税前利润与利息费用的比值。

已获利息倍数体现了企业在正常的经营情况下，用经营利润偿还债务利息的能力。这一比率越高，代表企业的利润为支付债务利息提供的保障程度越高，企业足以按时支付借款利息，并保持较高的资信度，由此在债务到期时可以通过借新债来偿还债务本金。如果已获利息倍数较小，说明企业处境比较危险，一旦经营业绩下滑将不能保证利息费用的支付，导致财务危机。

一般来讲，利息保障比率至少应大于1。具体分析某一企业时，应将企业这一指标与本行业平均水平进行比较，同时需要计算连续数年的数值，并选择一个指标最低的会计年度的数据进行分析，以保证企业最低的偿债能力。

对A公司的偿债能力进行分析，可以看出A公司的各项指标较为良好，显示了较强的偿债能力，但是负债程度不高，不利于财务杠杆发挥明显的作用，应注意结合市场情况，权衡收益与风险，不断调整资产、负债结构，使其更为合理。

（二）营运能力分析

企业营运能力是指对资产的管理和使用效率，即企业对资产的管理水平。营运能力直接影响到企业的收益，体现了企业的整体素质。营运能力比率主要通过收入与各类资产的比率来表示，它与变现能力比率有很大的关系。其中包括应收账款周转率、存货周转率、营业周期、流动资产周转率和总资产周转率。

一般来说，存货周转率越高，存货周转天数越短，说明存货在企业停留的时间越短，存货占用的资本越少，流动性和变现能力越强，从而表明企业的存货管理水平越高；反之，存货周转率过低，说明企业存货中陈旧过时的产品过多，企业的流动资本滞留在存货上，资金利用效率较低。但是，太高的存货周转率也可能是由于存货储存水平太低或库存经常中断，这会造成企业丧失某些生产或销售机会。

3. 营业周期

营业周期是指从取得存货开始到销售存货并收回现金为止的这段时间。

一般来说，营业周期越短，说明资金的周转速度越快；营业周期越长，说明资金的周转速度越慢。营业周期是用来衡量企业流动资产需要量的重要指标，一个营业周期短的企业可以在一个较低的流动资产水平下正常营业，企业的生产、销售到最后收回账款都在很短的时间内完成，企业处于一个动态的流动状况中。但此时流动比率和速动比率也很低，由此可以看出，不能过于依赖流动比率和速动比率来衡量企业的流动性，应收账款周转率和存货周转率大大影响了流动比率和速动比率的可信性。

4. 流动资产周转率

流动资产周转率是销售收入净额与全部流动资产平均余额的比值。

流动资产周转率反映了企业流动资产的周转速度和使用效率，进一步体现每单位流动资产实现价值补偿的高低以及补偿速度的快慢。一般情况下，该指标越高，企业流动资产周转速度越快，利用越好，流动资产会相对节省，相当于流动资产投入的扩大，在某种程度上增强了企业的盈利能力；相反，流动资产周转率越低，为维持正常经营需补充流动资金，形成资金浪费，降低了企业的盈利能力。对流动资产周转率进行分析，可以促进企业加强内部管理，充分有效地利用其流动资产，同时可以促进企业采取措施扩大销售，提高流动资产的综合使用效率。

5. 总资产周转率

总资产周转率是指企业销售收入净额与总资产平均余额的比值。

总资产周转率用于综合评价企业全部资产经营质量和利用效率，体现了企业经营期间全部资产从投入到产出周而复始的流转速度。总资产周转率是一个综合指标，要受流动资产周转率、应收账款周转率、存货周转率等指标的影响。一般情况下，该指标越高，总资产周转速度越快，企业投资的效率越高；如果该指标较低则说明企业资产利用效率不高。在资本密集程度不同的行业之间总资产周转率存在着显著的差异，与同类企业进行比较可以促进企业挖掘潜力，提高资产使用效率。

对 A 公司的营运能力进行综合分析，可以看出其营运能力不够理想，总资产周转率较低，营业周期较长。通过具体分析，可以发现这主要是因为存货周转速度过慢引起的，对此应进行重点分析。

（三）盈利能力分析

盈利能力指企业获取利润的能力，获取利润是企业的主要经营目标之一，反映了企业的综合素质，企业要生存和发展，必须取得较高的利润，才能在竞争中立于不败之地。盈利能力可以提高企业的偿债能力和信誉。衡量企业盈利能力的指标主要包括两部分：利润与收入及成本的关系；利润与投资的关系。其中包括销售毛利率、销售净利率、成本费用利润率、资产净利率和净资产收益率。

（四）发展能力分析

中小企业要发展壮大必须重视对发展能力的分析，衡量发展能力的指标包括：销售增长率、总资产增长率、三年利润平均增长率和三年资本平均增长率。

在一般情况下，以上四个指标越高，企业的获利能力越稳定，未来的增长机会越大。

二、杜邦分析体系及其应用

比率分析法可以衡量企业的财务状况和经营业绩，但是其每一项财务分析指标都是对企业的某一方面的经营活动进行分析，不能了解各方面财务状况之间的关系。实际上，各种财务比率之间都存在一定的相互关系，在财务分析中，应将各有关指标按其内在联系结合起来，对企业整体进行系统、综合的分析，以全面了解企业整体财务状况和经营成果。杜邦分析体系是一种常用的综合财务分析方法。

（一）杜邦分析体系的基本内容

杜邦分析体系是由美国杜邦公司创造的，主要是利用各个财务比率之间的内在联系，建立财务比率分析的综合模型，来综合地分析和评价企业的各方面财务状况。

杜邦分析体系从股东权益报酬率出发，将其分解，计算出相关主要财务指标的高低及其增减变化，进而再对主要财务指标进行层层剖析，细分至各资产负债表及利润表项目，在对比中找到引起各项指标变化的原因，从而能有针对性地寻求最佳的管理决策方案。杜邦分析体系的核心是权益净利率，因为权益净利率的综合性和代表性最强，反映了所有者投入资本的获利能力以及企业筹资、投资等各种经营活动的效率。

影响权益净利率的因素有三方面：销售净利率、资产周转率和权益乘数。

销售净利率反映了企业的净利润与销售收入的关系，在经营杠杆的作用下，利润的增长率要超过销售收入的增长率。提高销售净利率是提高企业盈利能力的关键，销售净利率的提高，一方面应增加销售收入；另一方面应降低销售成本。企业在进行杜邦分析时，应注意对成本费用的分析，分析成本费用的结构是否合理，各项开支是否必要，加强成本控制。

总资产周转率反映了资产的周转速度，资产周转率越高，企业权益净利率越高，所以要提高权益净利率除了应提高销售净利率还应提高资产周转率。在对资产周转率进行分析时，应注重对资产的流动性的分析，即全部资产中流动资产与长期资产的比例以及货币资金、存货、应收账款等各项目在流动资产中的比重。

权益乘数反映了企业负债筹资额的大小，权益乘数越高，企业的负债程度越高。权益净利率由于财务杠杆的作用随着权益乘数的增大而提高，但相应的财务风险也在增大。

从以上的分析可以看出，企业的盈利能力涉及企业的经营活动的各个方面，如销售收入、成本控制、财务结构、资产管理等。这些因素都是相互依存、相互作用的，只有协调好各因素之间的关系，才能使权益净利率达到最大。

（二）杜邦分析体系的评价

中小企业采用杜邦分析体系作为综合财务分析方法具有许多优点。首先，权益净利率作为杜邦分析体系的中心指标，直接反映了权益资本的盈利能力，符合中小企业两权合一的特点，能够促使中小企业经营者更加关注权益资本的使用效率。其次，杜邦分析体系简单直观，不需要过多的技术分析就可以完成对企业当前财

务状况的综合诊断，因此，成本比较低，操作性强，这一点恰好满足了中小企业的经营特点。最后，杜邦分析体系建立财务比率分析的综合模型来分析和评价企业财务状况，能%助中小企业及时发现企业所存在的问题，并采取对策措施，因此能够取得较好的控制效果。

但杜邦分析体系的缺陷也是非常明显的。一是传统的杜邦分析法的财务指标来源于资产负债表和利润表，分析局限于资产赢利能力，对资产运营能力、偿债能力的分析较少，缺乏对现金流量的分析，难以反映资产质量和企业全面的财务状况。二是容易产生短期效应。权益净利率着重看待单一的一个决策期，无法反映多期间的决策影响。如企业为推出新产品而投入大量的促销费用或增加研发投资时就会导致权益净利率的下降，实际上这种下降并不意味着财务状况的恶化。此外，如果新投资项目收益率如果低于企业当前的权益收益率，很可能放弃有利可图的投资项目。

三是权益投资率着重于收益而忽略了伴随收益产生的风险。四是该分析方法忽略了企业的竞争地位及其变化。

可见，对于中小企业来说，杜邦分析体系作为财务分析的综合方法具有很多优点，但缺点也很多。企业在使用该方法时必须重视现金流量的相关指标，同时将一些长期盈利但短期内盈利效果可能不佳的决策项目剔除该分析体系，并单独评价。此外，杜邦分析体系

的分析结果必须与行业水平或者竞争对手相对照,以避免狭隘的财务分析。针对传统杜邦分析体系中所存在的缺陷,许多学者提出了修正意见。

修正后的杜邦财务分析体系在保留传统杜邦财务分析体系中盈利能力指标(销售净利率)、营运能力指标(总资产周转率)和偿债能力指标(权益乘数)的基础上,引入获取现金能力指标(经营活动现金净流量与主营业务收入比),从而更全面地分析企业的资产状况。在改进后的体系中,经营活动现金净流量与主营业务收入越大,说明公司销货资金周转良好,经营活动现金净流量与净利润比越大,则说明公司实现的账面利润中流入现金的利润越多,公司营业利润质量越高。

三、中小企业现金流量指标体系

20 世纪 90 年代以来,西方国家的会计准则委员会纷纷要求企业编制现金流量表,现金流量分析成为财务分析的新重点。遗憾的是,许多中小企业尚未充分认识到编制现金流量表的重要性,往往敷衍了事。在会计实务中,许多中小企业的经营者已经面临这样的困惑:企业的应收账款、存款、待摊费用在流动资产中比例很高,企业的营运资金也不少,但真正能利用的现金却不多;一旦企业债务到期或者有了有利的投资机会需要使用现金,而应收账款和存货却无法变现。这样的困惑必须通过编制现金流量表来解决。资产负债表和利润表以权责发生制为编制基础,而现金流量表以收付实现制为编制基础。由于两种基础的不同,导致会计利润与现金流量的差异,而真正可以用来偿还债务或者投资的却是现金流,因此,将现金流称为"企业的血液"并不为过。基于此,中小企业应当充分利用现金流量表,并借助现金流量的相关指标以全面、真实评价企业当前的财务状况。

(一)现金结构指标

现金结构可以用现金流入量结构比率、现金流出量结构比率、现金余额结构比率、现金比率等四个比率进行分析。

1.现金流入量结构比率

利用这一公式分别计算经营活动的现金流入、投资活动的现金流入、筹资活动的现金流入的结构比率。这一比率可以较好地说明企业的现金流入量的来源和结构。对于处于正常生产经营期间的工业企业来说,经营活动现金流入量结构比率的数据应当比较大。在此基础上,企业还可以计算各个具体项目分别占经营活

①根据会计准则当中对现金的定义,现金包括现金和现金等价物。现金,指企业库存现金以及可以随时用于支付的存款。现金等价物,指企业持有的期限短、流动性强、易于转换为已知金额现金,价值变动风险很小的投资。除了特殊说明之外,这里所指的"现金"均包括现金和现金等价物。

动、投资活动和筹资活动的结构比率,从而更加明确现金流量的来源。

2. 现金流出量结构比率

利用这一公式分别计算经营活动的现金流出、投资活动的现金流出、筹资活动的现金流出的结构比率以及各具体项目分别占经营活动、投资活动和筹资活动的结构比率。这一比率可以较好地说明企业现金的流向。需要指出的是，企业在分析现金流量时不能孤立使用该比率，而应当与现金流入量结构比率相结合进行综合分析。一般地说，现金流出量结构比率大的项目，其企业流出量结构比率也应当较大。对于反常的项目，企业应当及时查明原因。

3. 现金余额结构比率

如果某项现金余额为正数，则结构比相对较大，说明该项活动现金净额成为全部现金余额的主要组成部分；如果结构比相对较小，说明该项活动现金净额对全部现金余额影响不大。如某项现金净额为负数，则结构比也为负数，说明该项活动的现金支出比现金流入多，假若这不是投资活动，属于经营活动或筹资活动而产生的现金净额为负数，就需要引起经营者的重视。为了进一步考察主营业务对现金流量的贡献，企业还可以在此基础上计算销售活动产生的收支净额结构比率，如果这个比重比较大，说明主营业务已经成为企业现金流量的主要组成部分。

因此有必要特别关注经营活动现金流量的三个比率。并在此基础上，还可以结合波士顿矩阵分析各产品线的现金流情况。

4. 现金比率

这一指标可以较好地反映当前流动资产项目的流动性。现金及现金等价物指标剔除了期限较长、流动性比较差、价值比较容易变动的几个项目，从而可以更加合理地衡量流动资产的品质。当然，现金及现金等价物虽然流动性强但其营利性也差。因此，企业有必要将此指标保持在合理的范围之内。

中小企业在考察自身的现金余额结构时，应该综合分析这四个比率。通常情况下，经营活动现金流量对整个企业的可持续发展具有至关重要的作用，而且在企业现金流量中占较大的比重。

（二）偿债能力指标

现金流量对企业的偿债能力具有直接的影响。在债务到期时，能够迅速形成偿债能力的只有现金。在前面所提到的保守速度比率中，虽然已经把变现能力比较差的存货等剔除出去，但仍然无法真实反映一个企业的偿债能力。这里引入几个现金流量的偿债能力指标，以期更加真实和全面地反映企业的偿债能力。

1. 短期现金流量比率

该比率表明企业在不变现资产的条件下，当前的现金净流量偿还流动负债的能力。该比率越高，说明企业的短期偿债能力越强；比率越低，短期偿债能力越弱。由于现金是流动性最强但同时也是盈利能力最差的资产，因此并不意味着该比率越大越好。

2. 保守现金流量比率

保守现金流量比率是一个比现金比率更加保守地衡量企业短期偿债能力的指标。与经营活动的现金流量相比，投资活动和筹资活动的现金流量并不是经常性的项目，具有一定的偶然性。在考察一些对外投资和筹资不频繁的企业的偿债能力时，保守现金流量比率是比较合适的。通过该指标可以衡量在不对外筹资或资产变现的前提下，本期的经营活动净现金流量抵偿流动负债的倍数。这个比率越大，说明企业偿付到期债务的能力越强。

比率若大于1，表明企业单凭本期的经营活动净流入量就可以抵偿本期到期的债务；如果比率小于1，说明企业必须对外筹资或出售资产才能偿还债务。

（三）盈利能力指标

经营活动净现金流量该比率可以用来衡量经营活动现金净流量对净利润的贡献率。在一般的企业中，经营活动净现金流量是一个经常性的且在现金流量中占据较大比重的项目，也是利润的关键来源。因此，该比率越大，表明企业的盈利能力越强。

2. 资产现金报酬率

该比率可以用来衡量企业资产产生现金的能力。一般情况下，这一比率越大，说明资产产生现金的能力越强。

（四）盈利质量比率

盈利质量比率主要用来反映企业盈利的质量。由于核算的基础差异，企业的会计利润和企业的现金净流量有较大差异。盈利质量已经受到越来越多人的关注。

该比率若大于1，表明企业会计利润的收现能力较强，利润质量较高；若小于1（尤其是远小于1），则表明会计利润的盈利质量较差，变现能力比较差，可能存在大量的应收账项或者盈余管理现象。

2. 销货收现比率

该指标可以衡量企业的主营业务在当期收现的程度，一般情况下，该比率越大，说明当期主营业务收入的质量越高。有时为了剔除跨期收取货款等情况的影响，可以采用连续两个或者三个期间的销货现金额和主营业务收入的平均值。也可以分别计算多个期间的比率数值，并比较其变化趋势。

前面论述了现金流量的四种指标及其内涵。通过指标计算，可以较为全面地评价一个企业的现金流量情况。当然，这些指标也不是孤立的，它们之间具有内在的关联性。因此，企业在运用这些指标时应当有一个系统的观点，有必要结合非现金流量指标对企业的财务状况做出全面分析。

四、中小企业财务的趋势分析

趋势分析是对企业连续几个会计期间的财务报表或财务比率进行比较，以了解企业财务状况的变化趋势。趋势分析对于帮助中小企业管理者了解财务状况的动态变化具有重要意义。

（一）比较财务比率

比较财务比率是将企业连续几个会计期间的财务比率进行比较，从而分析企业财务状况的发展趋势。

将以上指标与同行业平均水平及企业的竞争者的水平进行对比，还可以看出企业几年来财务比率变动的趋势与其他企业之间的差距以及差距是在增大或是缩小。

（二）比较财务报表

比较财务报表是比较企业连续几期财务报表的数据，分析其增减变化的幅度及其变化原因，来判断企业财务状况的发展趋势。

比较百分比财务报表是将财务报表中的数据用百分比来表示，通过比较各项目百分比的变化，来判断企业财务状况的发展趋势。

（三）趋势分析财务报表

趋势分析财务报表是将连续多年的财务报表数据集中在一起，选择其中某一年份作为基期，计算每一期间各项目对基期同一项目的百分比或指数，以揭示各期间财务状况的发展趋势。

第四节　中小企业的增长管理

财务分析和增长管理是中小企业财务管理中两个紧密联系的问题。财务分析为管理增长提供了决策手段和依据。本节将在财务分析的基础上，着重探讨中小企业如何根据可持续增长理论采取相应的管理策略与财务政策，处理好财物资源与企业增长的协调发展，进行科学的增长管理，最终实现企业的平衡增长。

一、成长中的增长管理问题

追求成长是企业家精神的体现。这一精神在中小企业身上得到了淋漓尽致的体现。几乎所有的中小企业都在考虑如何使企业快速成长。然而，中小企业的成长过程并不是一帆风顺的，甚至事与愿违。现实中，许多中小企业要么增长过快，要么增长过慢，结g果都损害了企业的可持续发展。希金斯认为，因为增长过快而导g致破产的公司数量与因为增长太慢而破产的公司数量机会一样多。由于增长过快而导致失败的例子在中国比比皆是。这里有两个典型的增长过快而倒闭的案例：一个是20世纪90年代初，亚细亚集团以过人的增长速度创造了一个平凡而奇特的现象一"亚细亚现象"。来自全国三十多个省市的近200个大中城市的党政领导、商界要员来到亚细亚参观学习。但亚细亚集团很快就因为不堪增长过快所带来的财务、管理、人力等各种压力而倒闭。另一个则是曾经连任两届央视标王的秦池。由于企业快速扩张引起了生产供应的严重不足，最后不得不采用简单勾兑的生产方法。

秦池的最终没落给许多中小企业敲响了警钟。至于增长过慢而导致破产倒闭的企业同样不胜枚举。在瞬息万变的商业环境中，增长过慢就意味着成长机会的丧失，因此就往往成为大企业的兼并对象。因此，如何管理成长中的增长问题，是中小企业经营者所面临的首要挑战。针对企业在成长中所存在的增长问题，R.C.Hggns（1981）首先提出"可持续增长"的概念。

生命周期理论认为，企业的成长要经历创业期、成长期、成熟期、衰退期等几个阶段。在生命周期内，企业一般呈现出快速增长、低速增长、零增长、负增长的增长趋势。一个企业增长的基本标志是销售额的增加。急于成长的中小企业最容易通过销售增长%来实现规模扩张。但是销售增长率并不是越大越好。销售的过快增长必然要求库存、原材料以及生产能力的同步增长，这会给资金约束较强的中小企业带来极大的财务压力。胡玉明（2002）认为，多公司理财就是企业现金流量的安排。根据这一观点，任何财务问题都可以归结为现金流量问题。中小企业增长问题的核心就在于现金流量的安排不合理。一个增长过快的企业需要考虑如何解决现金流缺口或逆差，以避免财务困境；一个增长缓慢的企业则面临着如何管理闲置或顺差资金的问题，以减少财务资源闲置而带来的浪费。因此，企业只有平衡好销售增长和财务资源之间的关系，才能保持可持续地健康成长。然而，在通常情况下，企业实际的增长率与可持续增长率是不一致的，这就是R.C.Hggns所说的不平衡增长的问题。

二、中小企业可持续增长模型

根据R.C.Hggns的理解，可持续增长率是指："在不需要耗尽财务资源的情况下，企业销售所能增长的最大比率。"我们这里根据此定义建立可持续增长模型。该定义所提出的"不耗尽财务资源"大致有以下几层含义：

（1）绝大多数的企业都有一个最佳的资本结构，不可能过度负债，因为企业一旦进行超过自身偿付能力的过度负债，就将使自己的信用状况下降，影响再次筹资。

（2）企业所取得的利润也不可能永远用于留存而不派发股利，企业必须在考虑股东利益和市场信号传递之间进行选择，确定合适的股利政策。

（3）企业发行在外的股票股数不变。一般认为企业发行股票不是很经常的事，或者说发行新股的门槛很高。

（4）企业的资产随销售额成比例增长。

上述几层含义同时也是推导可持续增长模型的假设条件。许多研究表明，这些假设条件基本上满足大多数公司的实际情况。

当然也有一些学者对这些假设条件提出了批评，如成本并不一定与销售收入成比例，资产未必与销售收入呈固定的百分比关系，而且资本预算包括一系列跨时间的决策，所有这些因素都表明可持续增长模型的假设条件是不尽合理的。尽管如此，对现实进行必要的抽象和假设总是必要的。不过具体到中小企业来说，有些假设条件是不必要的。许多中小企业根本没有能力发行股票筹集资金，其投资者即为业主，因此就无所谓股利分配了。我们这里假设业主在期末将提取部分利润作为个人支出，因此需要确定一个合理的留存比例。

在这一系列假定前提下，资产规模将随着企业增长（增加销售）而不断扩大。根据恒等式资产＝负债＋所有者权益，资产的变动等于负债和所有者权益的变动，因此，增加资产就意味着需增加相应的资金来源。企业资金来源在资本结构不改变的条件下，随着权益资金来源的增长，负债按目标资本结构的比例增长。根据前面的假设，由于企业不进行外部权益融资，因此企业为满足销售增长对资金的需求，需要通过不断提高盈利水平，增加留存收益进而扩大权益资金，同时增加相应的负债。权益和负债的增长一起决定了资产所能扩展的速度，后者反过来限制了销售的增长。

三、中小企业的平衡增长管理

无论对一个增长过快的中小企业还是增长过慢的中小企业，增长管理都是可持续发展过程中的关键问题。R.C.Hggns 指出，管理人员"必须事先预计并且加以解决在超过公司可持续增长率之上的增长所导致的财务问题"。这个问题即为戈登·唐纳森、R.C.Hggns 等学者提出的"平衡增长"的问题。也就是企业运用各种管理策略和财务政策，管理由于不平衡增长引起的现金流顺差或逆差。

在一般情况下，当实际增长率大于可持续增长率时，企业资金的增长跟不上销售的增长，会导致现金支付的困难，而当实际增长率小于可持续增长率时企业会有大量现金盈余，若对盈余现金不加以合理管理，则会降低企业价值。因此，当发生不平衡增长的问题时，企业可以根据可持续增长模型的分析，采取相应的管理策略和财务政策以实现企业的平衡增长。

1. 实际增长率超出可持续增长时的策略和政策选择

当实际增长率超出可持续增长率时，中小企业面临着现金流的逆差，因此，需要通过种种渠道增加现金流的流入或者减少现金流出。企业这时的产品线可能是"明星"产品（具有高增长率和高市场份额的产品，该类产品耗用和创造现金数量都很巨大）、"瘦狗"型产品（低市场份额和低业务增长率的产品，该类产品部门为维持其现有的竞争地位往往需要付出比它所创造的产品更多的现金流）、"问题"型产品（低市场份额和高业务增长率，它们对现金需求量较高，而又由于其市场份额所限，它们的现金产生量又较低）或这三种类型的组合。当企业面临这种情况时，R.C.Hggns 指出，企业可以选择以下一系列策略的组合：发行新股、提高财务杠杆、减少股利支付比率、削减收益仅能补偿支出的活动、分流部分或全部生产、提高价格，或者与"现金流"合并。然而并不是每个策略都适合中小企业。如发行股票以增加权益资本对大多数中小企业来说是不切实际的。那么，基于中小企业的财务特质，分析一下增长过快时的策略选择。

（1）有益的剥离。通过这种剥离以期达到以下几个目标：释放现金以用来支持新的企业增长，提高企业资产的周转率，降低过快的销售增长。企非可以灵活运用信用政策，以提高应收账款的周转率，这时企业.往往采用更苛刻的信用政策，如减少现金折扣率，减少对客户的展期，对不太重要的一些客户减少赊销等等。由于企业往往有多个产品线，企业可以通过出售某些现金流产生能力比较差的经营业务，从而将更多的资源支持其他具有竞争优势的产品线；企业也可以逐渐转移由不具有竞争优势的产品所占用的资源，这种转移方式既可以通过减少对这些产品的后续投资，也可以通过用苛刻的信用政策减少对该类产品存货或应收账款的投资。总之，中小企业可以通过有益的组合和剥离重新组织资源，减少非竞争优势产品占用的资源，增加优势产品占用的资源，从而改变经营现金流量的流量特征，以提高企业总体现金流的创造能力。

（2）供货渠道选择和有效的存货管理。企业生产所需原材料的供应渠道大致可以分为自制和外购两种。一般地，企业自制零部件等材料需要占用一些资产，这样不可避免就会降低资产的周转率。在一定条件下，企业通过减少材料自制，或多采用外购可以提高资产周转率，减缓现金逆差的压力。企业可以借助价值链来分析和选择有效的供货渠道。价值链是识别核心竞争力的基本工具，企业通常利用它来分析内部环境，进而遴选出需要维护和发展的竞争能力。企业同样可以应用价值链分析工具来选择有效的供货渠道。采用外购零部件等材料的方式可以看成是外包的一个重要内容。企业对供货渠道的选择涉及这种方式是否会影响企业的核心能力，是否可以给企业带来最大化的价值。从长远角度看，只有有效的供货渠道才能真正促进企业的可持续增长和提升企业价值。

有效的存货管理也可以减少资金占用，提高存货周转率，减缓现金逆差的压力。存货在一般工业企业的流动资产中占据较大比重，而存货又是流动能力比较差的资产。因此，存货管理对平衡增长具有重要意义。有效的存货管理在于权衡各种存货成本和存货收益，进而达到两者的最佳结合。当企业面临现金流的逆差时，可以适当降低存货的库存量，以减少资金的占用。与存货管理密切相关的一个问题是，企业可以充分通过利用供应商提供的信用政策，延迟货款的支付。这也可以减少现金流的逆差额。

（3）提高留存收益比例和财务杠杆水平

留存收益是企业在税后净利中除去向投资者分配投资收益以外，留在企业中用于再投资的部分。留存收益来自企业利润，不同的留存收益比例体现了企业不同的利润分配政策。在中小企业成长阶段的初期，资金通常是最大的限制性因素，这时的留存收益比例往往很高，中小企业的经营者往往倾向于将较多的利润留在企业以促进发展。但如果留存收益比例本来就很高（如80%，甚至90%）的情形下，再提高比例可能是不可行的，也有可能破坏了财务政策的稳定性。

根据可持续增长模型，在增长过快时，提高财务杠杆可以减少现金缺口。事实上，许多中小企业业主在遇到财务限制时也是首先想到借款以支持企业增长。但这种方法并不是长久之计，当负债率水平已经高于债权人所能承担的底线时，企业继续负债筹资的能力将会受到明显的限制。资本结构理论已经证明，负债率虽然具有抵税效应，但随着负债率的不断提高，企业所面临的财务危机可能性也随之增大。因此，通过不断地负债来维持过快的增长也只是短期的对策而已。

2. 增长缓慢时的策略和政策选择

这里的增长缓慢是指实际增长率低于可持续增长率的情况。

如果企业实际增长率低于可持续增长率，说明企业现金充足、闲置。对于现金顺差，应分析以下两种情况：如果仅是短期或暂时性的问题，企业只简单地积累资源以期为未来的增长做好准备；对于长期的问题，而且是企业独有（非整个行业）的问题，则企业应该在内部寻找不充分增长的理由和新增长的可行渠道；如果找不到新增长的可行渠道，可将现金分配给投资者（中小企业中主要是业％主），或跨行业兼并以从事多角化经营，或者选择合适的时机进行规模扩张。此外，企业也可以在金融市场上为暂时闲置的现金选ｋ择合适的短期投资工具，如购买短期国债。选择的基本标准是权衡营利性和流动性。通常认为，金融工具的流动性越强，其收益性％也越差。由于企业的现金盈余是暂时性的，因此企业应当在保证贫流动性的前提下选择高收益的金融工具。

从以上的分析可以看出，中小企业要健康成长，必须平衡销售目标、经营效率和财务资源，确定与企业现实状况相符合的销售增长率。利用可持续增长模型，管理者可在增长速度和资源限制之间做出明智选择。

第四章 中小企业融资体系与方式

融资即资金融通，有广义和狭义之分。从广义上看，融资是资金互动的过程，不仅包括资金融入，还包括资金的融出；从狭义上看，融资仅指资金的融入，即企业通过一定的渠道或方式取得资金的一种经济行为。本书仅仅指资金融入的狭义概念。资金是中小企业发展壮大所必需的要素，稳定的融资渠道为中小企业的成长提供了有力的保证。随着经济全球化和我国加入WTO，中小企业的融资环境也发生了很大的变化，中小企业应抓住契机，多渠道融入发展所需要的资金，不断壮大自身发展力量。

第一节 中小企业融资现状分析

中小企业在国民经济中的重要地位和作用不言而喻。然而，在获得金融支持方面，中小企业无疑属于"弱势群体"。这种"强位弱势"的境况成为当前中小企业融资难的真实写照。融资困境已经成为我国中小企业面临的主要问题，这也是全球中小企业发展所普遍存在的难题。本节将着重分析我国中小企业的融资现状，以期为化解我国中小企业的融资困境提供决策依据。

一、中小企业融资的资本缺口

大量长期的研究表明，中小企业融资面临着资本缺口。绝大多数中小企业的创业资本主要通过自我积累和群体集资形成，其来源大多为个人储蓄、家庭朋友的集资等。即使是合伙企业，其合伙资金也是有限的，因为它们不是股份公司，更不是上市公司，所以也就不存在通过发行股票进行股权融资的可能性。当企业需要外部资本时，它们很难在资本市场上筹集到资金，存在着较为严重的资本缺口。根据1999年对我国中小企业融资问题的调查结果显示：中国中小企业的创业资金几乎完全依靠自筹，追加扩张投资时也几乎完全依靠内源融资手段。虽然近几十年来，风险投资的发展大大减少了资本缺口，但资本缺口仍然是中小企业、财务理论界和各国政策制定者关注的主要问题。中小企业所存在的资本缺口具体来自以下几个方面：

（1）我国资本市场还处在起步阶段，中小企业在主板市场发行股票融资面临着非常高的准入门槛。一方面，沪深股市的发展以支持国有企业为政策导向，其融资机会偏向于国有企业；另一方面，企业公开发行股票有十分严格的限制条件，比如，注册资金不少于5000万元，最近三年连续盈利等，这些条件对中小企业来说很难满足。另外，中小企业的规模也限制了协议受让非流通股份，或者在二级市场收购流通股份，或者逆向借壳等方式的顺利完成。在2004年刚刚推出的深市"中小企业板"能在多大程度改变中小企业目前融资结构的失衡，尚须拭目以待。我国企业债券采用"规模控制，集中管理，分级审批"的方法，中小企业很难通过公开发行债券的方式直接融资。尤其是在1999年国家规定企业债券利息征收所得税后，即使利率高达3.78%（同期储蓄率仅为2.15%），发行额度也很难完成。

（2）风险投资的发展虽然在一定程度上缓解了中小企业外部融资的困难，但其规模有限，投资方向、数量、运行机制等有着严格的限制，且小规模的风险投资存在规模不经济问题，这自然使绝大多数的小企业难以得到风险投资。风险投资的特性决定了其在缓解资本缺口方面的作用有限。由于其承担了高于银行向小企业贷款产生的信贷风险，风险投资资金通常要取得更高的回报，因此，靠风险投资通常投资于特定的经济部门和行业，对于涉及众多产业的中小企业来讲风险投资的作用是有限的。风险投资通常在所投资企业运营一段时间后通过投资的公司上市而置换出原始的投资。在持有一段时间的企业股票之后（通常为五年左右），通常将股票上市作为其投资退出的出路。因此，风险投资所要投资的企业通常在较短的时间内有较高的成长性，并有极其严格的选择条件限制，这就使大多数中小企业被排除在风险投资的视野之外。

二、中小企业融资的债务缺口

由于直接融资面临着非常高的进入门槛，间接融资尤其是银行贷款融资成了中小企业最重要的外源融资渠道。由于我国整体融资模式过分依赖于银行贷款，而中小企业在该模式下进行融资时，将不可避免地遭遇"麦克米伦缺陷"，并不得不面对发展进程中的债务缺口。根据林汉川、管鸿禧的调查结果，71%的企业从国有商业银行贷款，93.1%的企业贷款期限为1年内的短期贷款，仅有7%的企业能得到2年期限的贷款，贷款期限普遍过短，贷款渠道过于集中单一，贷款额度过于偏小。杨蕙馨等的调查结果显示，在样本企业的银行融资方式中，长期贷款仅占13.5%，其他的都是短期贷款、信用证等短期的信贷。根据有关统计结果，中国工商银行1998年6月末对43.35万家工商企业发放流动资金贷款，大型和重点企业占7.74%，中小企业占92.27%，而对大型和重点企业的贷款额占贷款总额的53.85%，对中小企业的贷款额仅占贷款总额46.15%。这一现状至今仍未有效改善。根据对城市商业银行的抽样调查结果显示，企业规模在500人以下的中小企业贷款申请的拒绝率为67.31%，要远大于规模在500人以多下企业的拒绝率（24.34%）。所有这些研究结果均表明我国中小企业正面临着严重的债务融资困难。为了缓解这一困境，有必贷要深入分析形成融资困境的成因。

（一）中小企业财务特质是债务融资缺口的关键原因之一

一般说来，中小企业规模小、资信度低，可供抵押的资产少，破产率高。此外，许多中小企业财务管理不规范，没有完善的会计制度，甚至没有完整的账目，一些中小企业为了逃税，往往设置几套账簿，还有相当一部分中小企业存在做假账的现象。由于存在这些不够完善的地方，商业化经营的银行往往认为其风险太高而产生惜贷现象，且由于其所需贷款一般单笔数量不大，频率又高，就使得银行对中小企业放款的单笔管理费用高于对大企业的相关费用，出于安全性、营利性原则考虑，银行就更不愿对其进行贷款。

因此，中小企业在获得银行等金融机构的债务融资时，往往面临着有效的资金需求无法得到满足的问题，即存在着一定的债务融资缺口。即使许多中小企业可以提供抵押品或者可以接受较高的利率，仍然无法得到银行等金融机构的贷款。有时，许多企业即使能够得到贷款，也不能得到满足其业务需求的贷款数量。与大企业相比，中小企业在获得银行贷款和其他金融机构贷款方面处于明显的劣势。

中小企业在获得银行等金融机构的债务融资时，通常面临着"信贷配给"问题。"信贷配给"是金融市场普遍存在的一个问题，其主要原因是中小企业与银行等金融机构之间存在严重的信息非均衡，而这种信息非均衡远比大企业严重得多。大企业特别是那些上市公司的信息是公开的，金融机构能够以较低的成本获得较多的大企业信息。对于非上市的大型企业，银行可以通过许多渠道，如经销商、供应商、消费者等方面了解企业的信息。而中小企业则不同，其信息基本上是内部化的，通过一般的渠道很难获得有关的信息。此外，大多数的中小企业并不需要会计师事务所对其财务报表进行审计。因此，其信息基本上不透明，在向银行申请贷款时，很难提供其信用水平信息。由于中小企业的信息非均衡较为严重，往往成为银行信贷配给的对象，必然造成中小企业的债务融资缺口加大，使其无法通过债务融资来满足其正常的生产经营需要。

（二）特殊的银行体制是债务融资缺口的外部原因

银行体制方面存在的障碍性因素突出表现在以下两点：

1. 我国特殊的银行体系强化了中小企业的债务缺口

尽管自20世纪90年代以来，四家国有商业银行的市场份额逐渐降低，但到目前为止，这四家商业银行的贷款余额在整个存款货币机构中仍然占据垄断地位。因此，国有银行与国有企业仍保持高度的产权同源性，这一属性使现有的银行体系为国有企业的融资提供了制度保证。大量的调查数据也验证了这一点：国有大企业的融资需求能够优先得到满足；国有中小企业比私营中小企业相对要容易一些，而众多的集体和私营中小企业融资要困难得多。许多学者在分析我国银行所存在的大量呆账时引入了"预算软约束"的概念。由于国有银行、国有企业和国家财政在产权归属上三位一体，在尚未建立起权责对称的国有产权经营管理体制的情形下，国有产权呈现出风险的"预算软约束"。由于国有企业的信贷风险最终可以由国家财政化解，国有银行在决定贷款对象时，并不完全按照风险与收益的原则来确定。而由产权私有的中小企业所引起的信贷风险却无法转嫁给政府，因此，国有银行在贷款给中小企业时持有一种过分谨慎的态度，从而大大提高了对于中小企业信息披露的要求。传统观念也强化了这一点。传统观念认为，如果对非公有制企业发放的贷款形成损失，则将导致国有资产流失，因此，信贷人员承受压力比对国有企业同样情况放贷大得多，这在很大程度上妨碍了国有商业银行对非公有制企业信贷市场开拓的积极性。

国有企业的经营者有时无须考虑资金的使用成本，为了能够获得资金，他们可以使用包括寻租在内的一切手段。而中小企业所有者则不同，他们必须同时考虑投资项目的预期效益和资金的使用成本。显然，寻租现象的存在，增加了中小企业的融资成本，抬高了企业信贷融资的"准入门槛"。在我国不完善的政治体制下，国有企业经营者的寻租现象尚无法完全克服。

2. 利率结构部分和不合理的信贷政策也加剧了中小企业的债务融资困境

我国当前的利率结构不尽科学。一是央行准备金利率偏高。金融机构吸收的 1 年期以下短期存款直接存到中央银行就可获得稳定的利差收入，因而不愿意冒较大风险向中小企业发放零散贷款。二是各商业银行的同业存款利率偏高。目前各国有商业银行的同业存款利率均高于人民银行准备金存款利率，主观和客观上都鼓励了基层行上存资金，基层行信用扩张能力因此受到较大限制。三是利率浮动幅度偏低，因而对调动金融部门增加中小企业授信积极性的效果不明显。此外，部分不合理的信贷政策也强化了中小企业的债务融资困境。部分商业银行的信贷业务是以贷款的期限和种类来划分管理部门的，人为分割了各类贷款之间的联系；在贷款期限管理上，没有根据企业资金的流动周期合理确定贷款期限，流动资金贷款短期化趋向明显，对中小企业信贷支持的稳定程度不够；银行放贷与企业求贷意向错位。银行往往愿意对中小企业提供 3 ~ 6 个月的生产周转性短期贷款或高科技成果转化、城市基础设施等风险性较小的贷款，而中小企业则更愿意将资金投向房地产、商品流通等短期获利性强的产业或部门。还有一些商业银行奉行"大行业"、"大企业"的信贷政策，将中小企业打人另册，很少支持或根本不予支持。

第二节　中小企业融资体系建设

通过分析中小企业的融资现状，我们认为，解决中小企业融资困境的思路应当是完善中小企业的信息披露制度，建立信用担保体系与高效率的金融市场，加快中小金融机构建设，充分利用非正式金融等。实现这一思路的关键是建立中小企业风险分担机制，构建中小企业融资体系。这一融资体系包括间接融资市场体系、直接融资市场体系、风险投资体系、租赁等其他融资体系和社会支持体系。

一、中小企业间接融资体系

从我国宏观经济的现实状况看，由于资本市场不发达，在相当长的时间内，中小企业融资方式基本上还必须以间接融资为主。同时，由于中小企业存在比大企业更高的经营风险和信用风险，中小企业通过货币市场融资远比大企业要困难得多。从一些资本市场比较发达的国家经验来看，建立适合中小企业特质的间接融资体系是非常重要的。目前，中小企业融资体系在中国已经具有了究一定的规模，但还需要不断地完善。高效的间接融资市场体系建设需要从以下几方面入手：

1. 多层次的银行服务体系

首先，现有的商业银行应当建立卓有成效的管理机制，及时了解中小企业的经营状况，有效缓解信息劣势地位，解决与中小企业信息不对称问题，并开发出适合中小企业特点的金融产品。中小企业融资需求通常规模小、时间急，需要在有效控制风险的前提下，强调灵活性。因此，商业银行需要改革现行贷款审批程序，进行制度创新，形成合理的制度安排。建立中小企业信息系统，提高其风险透明度，增强信息的收集整理和筛选工作，建立客户数据库和客户档案，主动收集各类中小企业的经营状况与业绩。尝试中小企业贷款保险制度，分散贷款风险，满足不同层次民营企业的金融需求。

其次，要设立专门面向中小企业的中小金融机构。中小金融机构对中小企业融资具有信息、资本成本等方面的优势，其资产规模决定了其是中小企业理性的融资伙伴。发达国家对于中小企业的融资都有专门的政策性中小金融机构扶持，我国也应设立相应的政策性金融机构扶持中小企业。同时，设立专项基金，用于中小企业的技术改造、产品结构升级等。

再次，进一步开放民间金融市场，允许成立金融合作社、股份制银行、信用合作社、投资公司、财务公司等多种形式的中小金融机构。在开放金融市场的同时，降低市场进入门槛，进一步开放民间融资市场的利率，通过利率杠杆实现资源的优化配置。

2. 中小企业信用担保体系

设立信用担保机构，建立多渠道资金来源、多种组织形式参与、多层次结构的信用担保体系。完善各种担保形式，扩充风险担保基金，扩大担保覆盖面，简化手续，降低费率，坚持信用担保机构按市场化、规范化、系统化原则运行。不能使担保公司行为行政化，不能走政府指令、银行办事的老路。可以支持区域或行业投资机构与金融机构联合成立担保组织，支持社会团体、行业协会、企业群体共同出资设立以中小企业信用担保为主的服务机构，为区域内、行业内、群体内的民营企业贷款提供规范有效的担保。

我国中小企业信用担保体系的建设是在借鉴国际成功经验基础上，建立适合于我国具体情况的信用担保体系。即：中小企业信用担保体系由城市、省、国家三级机构组成。城市（含地区、自治州、盟）中小企业担保机构以城市为单位组建，以辖区内中小企业为服务对象。省（含自治区、直辖市）中小企业信用担保机构以省为单位组建，以辖区内城市中小企业信用担保机构为服务对象，开展一般再担保和强制再担保业务；省级中小企业信用担保机构可受省中小企业信用担保监督管理部门的委托，对地市中小企业信用担保机构实施业务指导和监督。国家中小企业信用担保机构对全国范围内的信用担保机构进行监督和指导。但是我国建立的中小企业信用担保体系，实际运行的效果并不理想，中小企业融资难的问题并没有得到根本性缓解，中小企业发展的融资缺口依然存在。建立完善的中小企业信用担保体系尚需做好以下几方面工作：多渠道筹集担保资金；完善城市信用担保体系；加快建立中央和省级再担保体系；组建中小企业信用担保协会；规范信用担保操作，发展互助担保和商业担保，等等。

3. 多样化的金融产品服务

银行在开展贷款融资的同时，还需要开发相关的金融产品来为中小企业服务。根据中小企业生产经营和资金运动的特点，推出灵活多样的结算工具，为中小企业提供方便、快捷的结算服务。发展票据业务和贴现业务，有利于拓宽中小企业的融资渠道，提高资金市场的效率。对中小企业发行的商业票据提供承兑担保，不需要垫付资金，还可以收取承兑费用，增加中间业务收入。在条件成熟的地区，可对中小企业开办承兑汇票、信用证等业务，并为中小企业的票据办理贴现、再贴现提供便利，使中小企业能迅速筹措到生产经营所需的短期资金。

二、中小企业直接融资体系

与间接融资相比，直接融资有着不可比拟的优点。从两者的关系上看，企业自有资本的多少和质量在根本上影响了间接融资的能力。如果企业能够成功上市，就等于摆脱了融资缺口的困扰。但是，中小企业本身的经营管理风险使得一般的投资者不会轻易选择它们作为投资对象，况且，主板市场由于其进入的门槛过高和政策的倾向，也使大部分中小企业只能作壁上观。因此，建立适合于中小企业融资需求特征的直接融资体系更为迫切。该体系主要包括：

1. 风险投资

风险投资是一种独具特色的资本运营方式，在融入资金、参股创业直到企业上市收回投资的整个过程中，它自始至终都在高风险中运营并以排除风险和提高资本运营效率为特征。职业金融家将风险资本投向正在迅速成长的有巨大潜力的未上市企业，它着眼于高新技术企业的产品开发应用阶段，为企业提供长期的股权资本和增值服务，最后扶植获得成功的高新技术企业上市，通过抛售上市后的股票来取得收益或将股权转让于其他投资者套现，直至完成一个投资周期。我国的风险投资业开始于 20 世纪 80 年代，被称为创业投资。1985 年 1 月 11 日，我国第一家专营新技术风险投资的全国性金融企业——中国新技术创业投资公司，在北京成立。自此之后，我国从事风险投资的公司也越来越多，并且遍布各地。

2. 非正式金融

非正式金融是指民间借贷或股权筹集的融资活动。一般而言，它是零星的、分散的，是针对有组织的金融中介或有组织的发行与交易市场而言的，是现实金融体系的重要组成部分。由于现实经济金融生活中存在着金融需求的多样性、复杂性与正式金融局限性的矛盾，客观上为非正式金融的存在和发展留出了可观的市场空间。在中小企业的成长初期，有组织的、正式的金融市场存在市场失效和规模不经济的问题。因此，必须通过各种非正式的方式进行金融创新，许多具有积极意义的非正式金融经过一定时期的发展，日益成熟化和普遍化。我们应该调动和引导一切积极的金融因素，以法律形式将正式金融与非正式金融进行有机的衔接，有意识、有选择地对具备一定条件的有希望、有前途的非正式金融进行引导、培养，使具有积极意义的非正式金融能整体性地壮大现实金融体系，为国家金融实力的壮大做出应有的贡献。

3. 证券市场

证券市场是企业进行直接融资的场所，它是市场经济的重要组成部分，对解决中小企业的融资问题具有特殊的意义，一个企业一旦成功上市并进入证券市场，那它便突破了融资困难的瓶颈，在企业的发展历程上，上市成功是一个质变的过程。当然，对于多数中小企业来说，证券市场是很难进入的。发达国家一般采取了"二板市场"的方法，即降低上市标准、改进交易方式来建立适合中小企业特点的融资市场。具体说来，就是支持那些不符合主板市场的要求但又具有发展潜力的成长性企业进行直接融资。我国已在究 2004 年推出中小企业板块，这对缓解中小企业的融资困境具有一定的作用。但中小企业板块仍然只能部分地解决高风险、高回报的科技型中小企业的融资问题。此类中小企业在中国的中小企业中仅仅占有非常小的部分。对于大部分的中小企业来说，进入主板和二板市场融资仍然面临非常高的进入门槛。因此，可以建立区域性的证券市场。在这种市场上，股东获取信息的成本很低，不仅对公司的经营情况能做到动态了解，对经营者的个人人品、经营能力和近期行为也会有深入的了解。信息成本的降低可以在一定程度上避免当前主板和二板市场的制度性缺陷，从而为中小企业进入证券市场融资提供便利。

三、中小企业社会支持体系

为了有效分散中小企业的风险，建立中小企业风险的社会分担机制，在构建中小企业间接和直接融资体系的基础上，还应搞好中小企业融资的社会支持与服务体系建设。这些社会支持与服务体系，有助于减缓中小企业与外部投资者之间的信息不对称，为化解中小企业的融资困境，开辟新的路径。

1. 中介机构

随着我国信用担保事业的发展，与信用担保活动相联系的中介机构服务活动也日益活跃和丰富，这类机构包括：征信机构、会计师事务所、资产评估机构和律师事务所等。市场中介机构产生的根源在于交易费用和信息成本的节约以及风险的分散。由于造成中小企业融资困难的主要原因是银企双方的风险信息不对称，履约努力程度信息不对称和决策信息不对称等，而中介机构在解决信息不对称问题上有自己的优势，如会计师事务所能提供准确的企业财务状况的信息：资产、资信评估机构可提供企业的资产、资信等级信息；咨询机构可为企业提供投资、决策服务，降低企业的市场风险等，尤其是信用担保机构能够直接帮助中小企业走出融资困境。正是市场中介机构的这种优势，能够比较好地解决银行与中小企业之间的信息不对称问题，从而扩大了银行对中小企业的融资。中介机构的信用支持和信用服务，可以促使服务对象改进工作，注意树立良好的信用形象，同时也有助于改善社会信用环境。中介机构提供的信息可以为担保活动相关的机构所利用，增强控制和防范风险的能力。债权人、债务人和担保人可以利用中介机构所提供的信息快，相互理解、认识和沟通，在较短的时间内形成信用关系。但是，由于我国的市场制度还不太规范，弄虚作假的现象还时有发生，因此，还必须加强对市场中介机构的外部监管体系，监督它们更好地发挥作用。

2. 相关组织

完善中小企业综合性辅导体系，普及融资知识，全面提高中小企业融资能力，积极发展商会、行业协会等民营企业社会中介组织，充分发挥它们在中小企业融资中的促进作用。我国各行各业都有自己的行业协会，但真正发挥行业协会作用的却不多。要彻底改变这种状况，必须选举一批懂得专业知识、遵守职业道德和行业规范、精明强干的领导成员。国家将扶持中小企业的资金通过银行拨给协会，协会按章程规定将贷款给那些小而精、小而特、小而优、小而专的需要贷款的企业。一旦某个企业发生问题，行业协会可以及时发觉，进行必要的干扰或控制，将风险控制在一定程度内。

3. 政府支持

信息不对称是造成当前中小企业融资困难的根本原因，要从根本上解决问题，应当加强政府的宏观调控作用。信息发送和信息甄别是用市场机制的方式来提高信息不对称状态下的资源配置效率，由于信息成本与信息不足的原因，它的作用是有限的。交易活动中处于信息劣势的一方为了避免由于信息不对称可能对自己利益的侵犯，往往在交易前通过调查、咨询、分析来增加对另一方的行为、产品的信息，在达成交易后，又要监视另一方是否信守合同等，所有这些都需要支付信息成本。另外，信息是一种稀缺资源，供应通常不足。因此，政府应适当运用公共权力，在制度建设尤其是信息披露制度建设、信用制度建设以及宏观经济信息的收集和发布等方面起重要作用，尽量缓解交易双方在信息拥有上的不平等地位，并通过一些强制性的规定，规范和约束交易双方的行为，降低信息成本和市场交易成本。

政府是信用体系建设的主导力量。政府主导型的信用体系建设模式符合中国国情，原因在于：信用体系的建立是一个庞大的系统工程，无论是技术难度和复杂程度，还是涉及的部门数量之多，都需要一个强有力的机构对这一过程中的各种问题进行统摄和协调。通过政府推进信用体系建设，有利于信用体系健康、快速的形成，政府信用问题对整个社会信用具有引导作用。

中小企业融资困难不仅是一个全国性的金融难题，也是一个世界性的金融难题。要从根本上改善我国中小企业的融资困境，促进中小企业发展，仅靠企业自身的内部融资、金融机构、信用担保机构、风险投资机构的努力是不够的，需要建立完善的、高效率的金融市场和建立诚信、高效的中介服务机构。同时，还需要政府加强和完善中小企业信息披露的法律法规体系，要求中小企业在不涉及商业机密的条件下，充分公开自己的信用及相关信息，增强企业信息的透明度，这样才有利于消除银行与中小企业之间的信息非均衡。此外，政府还应当在税收政策等方面给予中小企业强有力的支持。只有这样才能构建起卓有成效的中小企业融资的社会支持体系和服务体系，为中小企业融资提供制度保障、营造环境与技术支持。

第三节　中小企业融资方式选择

可供中小企业选择的融资方式很多，但每种融资方式的资本成本、可获得的资本数量、获得的难易程度以及可获得的时间与时机不同，从而对企业的资本结构、营运成本等方面的影响也不同。因此，中小企业如何根据自己的成长阶段、资金需求特征、可接受的资本成本、需求时机和需求量等进行权衡，以期采取不同的最优融资方式，实现融资成本最小、企业价值最大化的融资方式。本节主要介绍创新基金、二板市场、租赁、信用、保理等几种适合于中小企业的融资方式。

一、中小企业创新基金

中小企业在创业发展初期争取政府拨款或投资是一种最佳的融资策略，因为无论是政府拨款或投资，其目的只有一个，就是扶持中小企业的发展。为了解决中小企业尤其是科技型中小企业融资难的问题，我国各级政府均以财政拨款的方式成立了各种各样的科技发展基金、创新基金、投资基金，各个基金尽管在具体操作方式和扶持领域、地域等有所不同，但其最根本的宗旨都是为了扶持科技型中小企业的发展。其中最有代表性的是"中小企业创新基金"。由于其主要以贷款贴息、无偿资助、资本金投入等方式进行投资，在此既没有将其放入股权融资讨论，也没有将其放在债务究融资策略讨论，在此单独探讨。

（一）创新基金的特征与性质

中小企业特别是科技型中小企业既是加快科技成果转化、实现技术创新的有效载体，也是国民经济增长的重要源泉。近年来的发展表明，科技型中小企业无论是在数量上还是在质量上，都已经成为国民经济的重要组成部分，是国家经济发展新的重要的增长点。因此，结合我国科技型中小企业发展的特点和资本市场的现状，建立以政府支持为主的科技型中小企业技术创新基金，是促进我国经济持续、稳定发展的一项重要措施。

1. 创新基金的特征

创新基金主要适用于科技型中小企业。科技型中小企业具有建设所需资金少、建成周期短、决策机制灵活、管理成本低廉、能够适应市场多样性的需求等特点，特别是在创新机制和创新效率方面具有其他企业无法比拟的优势。科技型中小企业既是加快科技成果转化、实现技术创新的有效载体，也是国民经济增长的重要源泉。近年来的发展表明，科技型中小企业无论是在数量上还是在质量上，都已经成为国民经济的重要组成部分，是国家经济发展新

的重要增长点。因此，结合我国科技型中小企业发展的特点和资本市场的现状，建立以政府支持为主的科技型中小企业技术创新基金，是促进我国经济持续、稳定发展的一项重要措施。

2. 创新基金的性质

科技型中小企业技术创新基金是经国务院批准设立，用于支持科技型中小企业技术创新的政府专项基金。通过拨款资助、贷款贴息和资本金投入等方式扶持和引导科技型中小企业的技术创新活动，促进科技成果的转化，培育一批具有中国特色的科技型中小企业，加快高新技术产业化进程，必将对我国产业和产品结构整体优化，扩大内需，创造新的就业机会，带动和促进国民经济健康、稳定、快速的发展等起到积极的作用。

科技型中小企业技术创新基金作为中央政府的专项基金，将按照市场经济的客观规律进行运作，扶持各种所有制类型的科技型中小企业，并有效地吸引地方政府、企业、风险投资机构和金融机构对科技型中小企业进行投资，逐步推动建立起符合市场经济客观规律的高新技术产业化投资机制，从而进一步优化科技投资资源，营造有利于科技型中小企业创新和发展的良好环境。

（二）创新基金的支持方式和运作特点

创新基金作为政府对科技型中小企业技术创新的资助手段，将以贷款贴息、无偿资助和资本金投入等方式，通过支持成果转化和技术创新，培育和扶持科技型中小企业。创新基金将重点支持产业化初期（种子期和初创期）、技术含量高、市场前景好、风险较大、商业性资金进入尚不具备条件、最需要由政府支持的科技型中小企业项目，并将为其进入产业化扩张和商业性资本的介入起到铺垫和引导的作用。

1. 创新基金的支持方式

根据中小企业和项目的不同特点，创新基金分别以贷款贴息、无偿资助、资本金投入等不同的方式给予支持：

（1）贷款贴息。对已具有一定水平、规模和效益的创新项目，原则上采取贴息方式支持其使用银行贷款，以扩大生产规模。一般按贷款额年利息的 50% ～ 100% 给予补贴，贴

息总额一般不超过 100 万元,个别重大项目最高不超过 200 万元。

(2)无偿资助。主要用于中小企业技术创新中产品研究开发及中试阶段的必要补助、科研人员携带科技成果创办企业进行成果转化的补助。资助数额一般不超过 100 万元,个别重大项目最高不超过 200 万元,且企业须有等额以上的自有匹配资金。

(3)资本金投入。对少数起点高、具有较广创新内涵、较高创新水平并有后续创新潜力、预计投产后具有较大市场需求、有望形成新兴产业的项目,采取资本金投入方式。资本金投入以引导其他资本投入为主要目的,数额一般不超过企业注册资本的 20%,原则上可以依法转让,或者采取合作经营的方式在规定期限内依法收回投资。具体办法另行制定。

2. 创新基金的运作特点

按照市场经济国家通行做法,根据国务院改革的要求和国家科技教育领导小组第三次会议的有关指示精神,针对我国科技型中小企业的基本特点和具体情况,并借鉴国外同类基金管理的成功经验,创新基金改革了政府部门科技计划管理的传统模式,采取政府部门决策和监督、专家咨询和指导、基金管理机构组织和实施的管理模式。基金支持的企业和项目将通过媒体向社会公布,接受公众监督。创新基金管理中心对项目的管理,要遵循诚实申请、公正受理、科学管理、择优支持、公开透明、专款专用的管理原则,并采取链式管理等一系列具体措施。

(三)申请创新基金的基本条件

创新基金面向在中国境内注册的各类中小企业,其支持的项目及承担项目的企业应当具备下列条件:

(1)创新基金支持的项目应当是符合国家产业技术政策、有较高创新水平和较强市场竞争力、有较好潜在经济效益和社会效益、有望形成新兴产业的高新技术成果转化的项目。

(2)企业已在所在地工商行政管理机关依法登记注册,具备企业法人资格,具有健全的财务管理制度;职工人数原则上不超过 500 人,其中具有大专以上学历的科技人员占职工总数的比例不低于 30%。经省级以上人民政府科技主管部门认定的高新技术企业进行技术创新项目的规模化生产,其企业人数和科技人员所占比例条件可适当放宽。

(3)企业应当主要从事高新技术产品的研制、开发、生产和服务业务,企业负责人应当具有较强的创新意识、较高的市场开拓能力和经营管理水平。企业每年用于高新技术产品研究开发的经费不低于销售额的 3%,直接从事研究开发的科技人员应占职工总数的 10% 以上。对于已有主导产品并将逐步形成批量和已形成规模化生产的企业,须有良好的经营业绩。

二、中小企业二板市场融资

对于许多中小企业来说,其根本不具备上主板的条件,因此,许多中小企业寄希望于二板市场融资。二板市场又被称为第二交易系统、技术板市场、创业板市场,是与现有证券市场即第一板市场相对而存在的概念。通俗地说，凡属于针对大型成熟企业的主板市场相对应，面向中小企业的证券市场就是二板市场或创业板市场。与主板市场相比，二板市场具有以下特点：

（1）宽松的上市条件。二板市场的主要上市对象是创新型中小企业，由于成立时间短、股本小、盈利欠佳、市场前景不明确，无法满足主板上市的要求，只能转向二板市场融资。一般二板市场的上市标准比主板市场宽松得多。

（2）较低的上市费用。上市费用的高低，对企业尤其是新兴企业的市场选择有重要的影响。

（3）较高的市场风险。二板市场是为中小企业服务的，与主板市场的上市公司相比，具有资本规模小、发展的不确定性强、缺乏业绩支撑等特点，技术风险、市场风险、经营风险均较大，投资失败率较高。由于上市公司的素质普遍低于主板市场，故二板市场的整体风险也明显大于主板市场。

（4）成功地做市商制度。新兴企业的小盘股票通常会遇到流动性不足的问题，世界各国二板市场普遍采用的做市商制度有效地解决了这一难题。这一制度除了维持证券的高度流动性外，还提高了证券交易的透明度，实现了上市公司的知名度，便利投资者决策并获得最优交易价格。

（5）先进的电子交易系统。电子交易系统可以降低二板市场的管理和运作成本，在提高效率的同时增加了市场的公开性、流动性和有效性，弥补二板市场交易成本高于主板市场的不足，可吸引更多的投资者。

（6）独特的升降制度。随着二板市场上创新中小企业的发展壮大，具备了主板上市交易条件时就可申请转人。而当主板市场上市公司质量下降、不能满足在主板市场上持续交易要求时就必须退出转入二板市场。这样，一方面对上市公司提高自身质量起到了激励作用，另一方面也对投资公众起到了警示作用，并且为可能被淘汰的绩差公司建立了一种退出机制。

我国已经在 2004 年推出中小企业板块，根据《深交所设立中小企业板的实施方案》制定的实施框架，在现行法律法规不变、发行上市标准不变的前提下，在深圳证券交易所主板市场中设立的一个运行独立、监察独立、代码独立、指数独立的板块。我国当前的中小企业板块主要安排拟在主板市场发行上市的企业中流通股本规模相对较小的公司在该板块上市，并根据市场需求，确定适当的发行规模和发行方式。根据设立宗旨，中小企业板块可以为主业突出、具有成长性和科技含量的中小企业提供直接融资平台。对此，许多专家认为，中小企业板块乃至创业板的确能解决一部分科技型中小企业的融资问题，但对于广大中小企业来说只是杯水车薪。尤其在我国，劳动密集型中小企业在较长一段时期内将始终是中小企业的主要部分。由于我国资源结构的特点是资本相对稀缺、劳动力相对丰裕，劳动密集型中小企业将符合中国经济的比较优势，这类中小企业必然也是最具有经济活力的企业群体。但是，由于劳动密集型企业的自身特点，多数劳动密集型企业很难像高科技型企业那样成为高收益、高成长型的企业。尽管如此，当中小企业发展到一定规模时，通过二板市场融资仍然是一条解决融资困境的良好路径。

三、中小企业借款融资

由于规模普遍较小、股权融资门槛过高等原因，债务融资在中小企业的外源融资中通常占较大的比重。债务融资的方式比较多，但对于大多数中小企业来说，债券融资不大现实。因此，借款融资方式成为中小企业最重要的外部资金来源。

（一）中小企业的短期借款融资

中小企业对于短期资金的需求，一般应该采用短期融资策略进行解决，以实现债务融资的合理期限结构，防范财务困境的发生。短期融资的方式主要是商业银行借款、商业票据、票据贴现和抵押贷款等方式。企业在进行融资方式的选择时，其核心问题是考虑融资成本的大小，同时应该考虑资本来源的可靠性、灵活性和弹性等。

1. 短期借款的类型

中小企业最常采用的是 1 年以内的短期贷款。这部分资金可补充流动性、季节性的资金需求。短期借款通常有以下几种类型：

（1）商业贷款。此种贷款不需要担保，通常在 3 ~ 6 个月内一次性还清。有时需要预付贷款利息。如果商业贷款超过一定金额，银行可要求企业在银行账户中保持一笔补偿性存款（一般是贷款总额的 10% 加上已使用金额的 10%）作为还款的保证。

（2）信贷限额。银行与企业签订协议，规定某段时期内借款的最高放款限额，允许中小企业在有效期间在此限额内借款。一般以企业目前流动资金总额的 40% ~ 50% 作为信贷限额，特殊情况下根据企业生产和销售季节性特点也可适当提高限额。放款限额的利率是浮动的，与银行优惠利率挂钩。利息按企业实际动用的部分计算，对于限额内未动用的资金，银行一般采用补偿余额的方式，要求客户必须在银行账户上保持占限额一定比例（一般为 10%）的存款。信贷协议是限额循环周转信贷合同，操作方法与信贷限额类似，主要区别在于限额循环周转贷款合同具有法律约束性，而信贷限额不具有法律约束性。

（3）抵押贷款。大宗商品的零售商常采用此种融资形式。如汽车零售商以所定购的车辆为贷款的担保物，并在订货合同中明确商业银行对每辆车的担保权益，从商业银行获得汽车的融资。零售商按月支付利息，在汽车销售后归还本金。抵押计划的商品积压时间越长，零售商所支付的利息越多。

2. 中小企业信贷的一般程序

由于商业银行信贷在中小企业的资金来源中占有较大比重，因此，中小企业有必要熟悉申请信贷的一般程序，并结合具有申请行的具体要求作调整。

（1）借款人向银行申请贷款时，应按银行的有关规定，必须先与银行建立信贷关系，填写《借款申请书》，并按银行提出的贷款条件和要求提供有关资料。一般情况下，银行要求提供的重要资料有：①借款人及保证人的基本情况。②经会计（审计）部门核准的上年度财务报告及申请借款前一期的财务报告。③企业资金运用情况。④抵押、质押物清单，有处分权人同意抵押、质押的证明及保证人拟同意保证的有关证明文件。⑤项目建议书和可行性报告。⑥银行认为需要提供的其他资料。

（2）银行自收到贷款申请和有关资料之日起，对新开户贷款企业，一般应在3个月内完成贷款的评估、审查工作，并向申请人做出正式答复。

（3）所有贷款都应当由贷款人与借款人签订借款合同。借款合同应当约定借款种类、借款用途、金额、利率、借款期限，还款方式，借、贷双方的权利、义务、违约责任及双方认为需要约定的其他事项。

（4）保证贷款除了借款人应与贷款人签订借款合同外，还应由保证人与贷款人签订保证合同，或保证人在借款合同上写明与贷款人协商一致的保证条款，加盖保证人的法人公章，并由保证人的法定代表人或其授权代理人签字。

（5）抵押贷款应当以书面的形式由抵（质）押人与贷款人（抵〔质〕押权人）签订抵、质押合同。

3.中小企业短期借款成本的计算

中小企业在制定短期借款方案时，成本率的计算是必不可少的一步。中小企业使用短期借款资金所支付的利息，构成了短期信用借款的成本，其成本率的计算与银行设定的名义利率、实际利率、所得税率以及计息方式等内容有关。

（1）实际利率的计算

在短期信贷合同中规定的利率是名义利率，也是中小企业计算利息的标准。但这个利率并不反映企业在使用资金过程所要付出的资金成本。我们通常将名义利率转化为实际利率借以反映真实的融资成本。实际利率的计算通常可以分为以下几种情况：

第一种情况：借款期限为一年，付息方式为到期还本付息。

在这种情况下，实际利率与名义利率是等同的，名义利率即反映了企业真正承担的资金成本。

企业在年度中间通常会遇到这样的情况：一年内多次借款，多次付息，甚至跨年度付息等。在这种情况下，企业有必要从整体的角度出发计算短期借款的成本率。

（2）税后资金成本率的计算

根据企业会计制度规定，短期借款的利息支出可以在税前抵扣，因此，利息支出具有税盾效应。

（二）中小企业的中长期借款融资

中长期贷款是由商业银行提供的，期限在1年以上，主要用于增加固定资金或发展资金，例如，创建企业、建造厂房、购买不动产和设备等，一般按月或季度归还贷款。这种贷款基本上可以分为三类：

（1）无担保定期贷款。主要对象是过去的经营业绩证明具有较高的偿还能力的企业。贷款协议中一般有限制企业财务决策的专门条款。

（2）分期偿还贷款。中小企业可购买设备、设施、不动产及其他固定资产。进行设备融资是，银行通常提供设备价值 60% ～ 70% 的贷款，并将设备作为担保权益，偿还期一般与设备的使用寿命一致。进行不动产融资时，银行提供财产价值 75% ～ 80% 的贷款，偿还期为 10 ～ 30 年。

（3）分期付款合同的贴现信贷。银行也会向以分期付款合同为担保的中小企业发放贷款，操作方式与应收账款的贴现贷款相同。

四、中小企业的融资租赁

设备落后，技术水平低下是中小企业存在的普遍现象。面对日益激烈的市场竞争，对其进行技术更新和改造刻不容缓，而这需要大笔的资金来支撑，但以中小企业目前的经济地位，完全依靠银行信贷或上市融资，既不可能也不现实。在这种情形下，简单快捷、信用要求较低的融资租赁不失为解决这一难题的有效补充。在市场经济比较成熟的国家，租赁已成为中小企业的最佳融资选择。国际金融公司在全球参股的 28 家租赁公司中，50% ～ 70% 的客户是中小企业。

（一）融资租赁的概念与基本特征

融资租赁，又称金融租赁。它是 20 世纪 50 年代产生于美国的一种新型交易方式。融资租赁是将传统的租赁、贸易与金融方式有机组合而形成的一种新型金融产品，是通过融物的方式来实现融资目的的融资方式。在大多数情况下，出租人在租期内分期回收全部成本、利息和利润，租赁期满时，出租人通过收取名义货价的形式，将租赁物件的所有权转移给承租人。融资租赁的租期接近标的物的使用寿命（一般界限为寿命的 75%），租金总额接近于标的物的购置价格（一般界限为购置价格的 90%），与标的物相关的三种风险都由承租人承担，标的物被视为承租人的资产。融资租赁的实质是承租人意在取得标的物的所有权，因此也常被设备生产厂商作为向用户提供融资的一种促销手段。由于融资租赁具有融物与融资相结合、手续简单、节省时间、能够引进先进技术、可能得到税收优惠、不影响承租人的负债能力等优点，刚产生便很快在世界各国流行起来，并深入而广泛地应用到社会生产、生活的各个方面，促进了经济的繁荣和社会的发展。世界上 60% 以上的大型设备是靠租赁得以流通的，融资租赁在西方发达国家已经成为仅次于银行信贷的金融工具。尽管我国开展融资租赁业务的时间还不长，规模尚小，但其生命力很强。融资租赁有以下几方面的特征：

1. 具有不可撤销性

由于拟租赁的物件是由承租人自行选定的，出租人只需按照承租人的决策出资购买。因此，在租赁合约有效期内，承租人无权单独提出以退还租赁物件为条件而提前终止合同。

2. 完全付清

在基本租期内，设备只租给一个用户使用，承租人支付租金的累计总额为设备价款、利息及租赁公司的手续费之和。承租人付清全部租金后，设备的所有权即归承租人。

3. 中长期租赁

融资租赁交易中的租赁物件以设备为主，设备的法定折旧年限都在1年以上，所有融资租赁交易的绝对期限，通常在1年以上，属中长期租赁。不过，融资租赁租期与该租赁设备的法定折旧年限未必相等。

4. 权责明确

承租人负责设备的选择、保险、保养和维修等；出资人仅负责垫付贷款，购进承租人所需的设备，按期出租，以及享有设备的期末残值。

（二）融资租赁的可行性分析

对于中小企业来说，融资租赁具有其他融资手段所不具备的特殊优势：

第一，融资租赁主要关注使用租赁设备产生的现金流量，而不需要关注企业财务状况等方面的信息，从而避免类似资本市场和信贷市场对信息披露的苛刻要求。

第二，融资租赁以承租设备本身作为担保物，一般不需要额外的担保和抵押，从而解决中小企业在融资中缺少担保物的难题。

第三，融资租赁可以避免通货膨胀的价格风险。在通货膨胀货币贬值的情况下，设备的价格必然不断上涨，而融资租赁的租金一般是根据签约时的设备价格拟定的，在租赁期间保持不变。租赁企业不会因为通货膨胀而付出更多的资金成本。

第四，融资租赁有利于中小企业提高资金利用效率，缓解企业资金紧张的矛盾。采用融资租赁方式，企业可以在投入少量资金的情况下，获得设备使用权，从而节省早期资金投入。现代化生产通常需要大型设备，如果自行购买这些设备，极有可能造成中小企业现金流的愈发紧张。因此，通过融资租赁，企业就可以将原本必须用于设备购置的资金投入使用。

第五，融资租赁有利于中小企业及时调整产品结构，适应知识经济发展的需要。融资租赁能够使企业在较短的时间内，筹集到必要的设备、资金、技术等资源，迅速改变产品结构，投入新产品的生产，从而解决了中小企业普遍存在的资金筹措渠道少、技术力量薄弱、难以迅速适应市场变化的问题。有些中小企业还通过专业化的租赁公司向国外租赁相关的设备，从而可以在较短周期内引入外资，引进国外先进的技术。

（三）融资租赁的形式

融资租赁根据不同的交易形式和合约结构，可分为直接租赁、杠杆租赁、回租租赁、转租赁和委托租赁等五种形式。

1. 直接租赁

直接租赁是由出租人根据承租人提出的要求，直接向设备制造商购买承租人选定的设备，再租借给承租人使用。此方式的租赁期较长，一般为3～5年，大型设备可达10～20年。承租人分期支付租金，负责设备维修、保养、纳税、保险等事宜，中途不得解约。租赁期满后，对租赁物可按租赁合同规定处理，一般有三种处理方式：一是到期后将租赁物退还给租赁部门；二是继续租赁；三是以廉价卖给承租人或无偿向承租人转让租赁的所有权。在融资租赁 g 中，直接租赁是主要的租赁形式。

2. 回租租赁

回租租赁也称"返租赁"或"售后回租"。主要有两种方式：一是企业在急需某种设备而资金又暂时不足的情况下，先从制造厂商那里买进自己所需要的设备，然后转卖给租赁公司，企业再从租赁公司租回设备使用；二是企业进行技术改造或扩建时，因资金不足，可将本企业原有的设备或生产线先卖给租赁公司，再从租赁公司租回使用。这样可用出卖设备的现款，来购买企业急需的新设备。

3. 转租赁

转租赁是指以同一物件为标的物的多次融资租赁业务。在转租赁业务中，上一租赁合同的承租人同时又是下一租赁合同的出租人，称为转租人。转租人从其他出租人处租入租赁物件，再转租给第三人，转租人从中收取租金差。租赁物品的所有权归第一出租人。

4. 委托租赁

委托租赁是指出租人接受委托人的资金或租赁标的物，根据委托人的书面委托，向委托人指定的承租人办理融资租赁业务。

在租赁期内租赁标的物的所有权归委托人，出租人只收取手续费，不承担风险。

5. 杠杆租赁

杠杆租赁又称平衡租赁，是融资租赁的一种高级形式，适用于高度资本密集型设备的长期租赁业务，如飞机、船舶、海上石油钻井平台、通信卫星设备和成套生产设备等。杠杆租赁是指在一项 % 租赁交易中，出租人只需要投资租赁设备购置款项的20%～40%的金额，即可在法律上拥有该设备的完整所有权，享有如同对设备 k100% 投资的同等税收待遇；设备购置款的60%～80%由银行等金融机构提供的无追索权贷款解决，但需要出租人以租赁设备作3抵押，以转让租赁合同和收取租金的权利作担保的一项租赁交易。究参与交易的当事人、交易程序及法律结构比一般融资租赁复杂。

（四）基本操作程序

融资租赁的操作程序虽因租赁形式不同，而有所差异，但基本程序大致相同。主要程序如下：

1. 申请租赁

向经营金融租赁业务的金融机构申请租赁所需设备，经出租人初审受理后，填写租赁申请书。

2. 选择租赁设备

经营租赁业务的金融机构（出租人）受理申请后，承租人可根据需要选定租赁设备。选定租赁设备时，可由承租人直接选择厂商，也可由出租人代其联系厂商。

3. 组织技术、商务谈判

技术谈判以承租人为主，谈判内容包括设备的规格、型号、数量、性能、技术参数、价格、质量保证、交货期、技术培训、安装调试、售后服务等问题。商务谈判以出租人为主，承租人参加，其目的在于使购进的设备既能适合企业的需要，又能争取得到优惠价格和交易条件。

4. 签订合同

签订合同是租赁业务的中心环节。在这个环节要签两个合同：一是签订购货合同。根据技术与商务谈判的结果，经承租人确认后，由出租人与供货厂商签订购货合同。二是签订租赁合同。租赁合同是出租人与承租人确立租赁关系的法律依据，其内容主要包括：①租赁期限。②租金及支付方式。③租赁期满后的设备处理。

5. 购进设备

购进设备合同和租赁合同签订后，供应设备的厂商向承租企业发货，并由出租人向供货厂商付款。在购进设备的过程中，承租人要注意办理以下事宜：①减免税及报关。②租赁设备交货地点、保管、清点、检验、向出租人出具设备收据。通常以租赁设备的收到日为租赁的起租日。③租赁设备的保险。有两种方法：一是由出租人直接向保险公司投保，保费由承租人承担。二是由承租人代出租人向保险公司投保，保费由承租人承担。两种方法的保单均交出租人存执。发生事故时，由出租人和承租人双方共同向保险公司索赔。

6. 交付租金

从起租日开始，承租人取得了租赁设备的使用权，即按租赁合同分期向出租人缴纳租金。

7. 处理设备

租赁期满后，按租赁合同规定的处理方式处理租赁物件，该退回的办理退回手续；该续租的重新签订租赁合同；该留购的，由承租人支付留购价款；该无偿转让承租人的，由出租人开具转让租赁物所有权证明。

五、中小企业商业信用融资

商业信用融资，就是企业利用其商业信用，在销售商品、提供服务的经营过程中向客户筹集资金的行为，包括收取客户的预付款、押金、订金，给客户赊款、开具商业汇票等。比如，房地产行业中预售楼款、零售业中商品销售柜台预收入场费、经销商的赊销后付款行为。

（一）商业信用融资的重要性

商业信用融资对于中小企业融资的作用在于这种融资方式具有形式灵活的特点。许多中小企业把商业信用融资看作是正常的调节资金流量的融资方式，并把商业信用融资作为一种银行信贷的补充。在银行信贷紧缩或不易获得的情况下，商业信用融资往往是重要的融资方式。

商业信用融资之所以能够成为中小企业重要的融资渠道，主要是因为以下两个方面的原因：

（1）市场竞争激烈使得一些供货商不得不采取向销售商或货物需求者提供以资产为基础的商业信用。

（2）货物供求双方之间信息不对称问题可能要轻于货物需求者和银行之间的信息不对称。至少供货方自己认为对对方的信息有着比较多的了解。

当然，商业信用融资也需要具备一些基本的前提条件。如企业要有较高的商业信用基础，信用融资是建立在信用基础之上的，如果企业的信用不好，就很难通过商业信用获得别人的资金；企业有必要树立"双赢"、"互利"的观念，使商业信用得以延续。

（二）商业信用融资的具体形式

商业信用是一种方便的融资方式。通常来讲，商业信用主要有以下几种主要方式：

1. 应付账款

应付账款是企业购买货物未付款而对对方的欠账，即卖方允许买方在购货后一定时期内支付货款的一种方式。卖方利用这种方式促销，而对买方来说延期付款则等于向卖方借用资金购进商品，可以满足短期资金的需求。

按照国际惯例，为了促使买方企业按期付款，卖方往往规定一些信用条件。例如，规定"2/10，n/30"，即买方如于购货发票算起 10 天内付款，可以享受 2% 的购货折扣；如于 10 天后至 30 天内付款则不享受折扣，买方必须支付全部货款；允许买方付款期限最长为 30 天。

应付账款这种信用形式，按其是否负担代价，分为免费信用、有代价信用和展期信用。中小企业在具体运用时应根据其真实成本进行合理的选择。

2. 应付票据

应付票据是买方根据购销合同，向卖方开出或承兑商业票据，从而延期付款的一种商业信用。这种票据可由购货方或销货方开出，并由购货方承兑或请求开户银行承兑，是一种正式的凭据。其付款期限由交易双方商定。我国规定一般为 1 ～ 6 个月，最长不超过 9 个月，遇有特殊情况还可适当延长。

应付票据可分为带息票据和不带息票据。带息票据需要加计利息；不带息票据则不收取利息，属于免费信用。应付票据的利率一般比银行借款的利息低，且不用保持相应的补偿余额和支付协议费，所以应付票据的融资成本低于银行借款成本。但是应付票据到期必须归还，如若延期便要支付罚金，因而风险较大。

3. 预收账款

预收账款是指购货企业按照合同规定或协议约定，在交付货物之前向购货企业预先收取部分或全部货物价款的信用形式。它等于是销货方向买方先借一笔款项，然后用货物抵偿。对于生产周期长，成本售价高的货物，如电梯、轮船、房地产等，供货方往往向订货方预收货款，取得一定的资金来源。

4. 其他方式

此外，中小企业在生产经营活动中往往还形成一些应付费用，如应付水电费、应付工资、应付税金、应付利息等。这些项目的发生受益在先，支付在后，支付期晚于发生期，故为企业形成一种"自动性融资"。其期限通常有强制性的规定，如按月支付工资，按规定期限缴纳税金等，这些短期融资项目往往不需要承担代价，企业应根据现实状况进行灵活运用。

六、中小企业保理融资

保理在为中小企业提供融资方面的优势，保理服务的多样化及专业化，使这种融资方式在某种程度上出现了取代传统银行贷款的趋势。

（一）保理的概念与基本流程

保理业务 19 世纪起源于美国和欧洲。20 世纪 60 年代以来，该业务得到了蓬勃发展。世界上最大的保理商组织国际保理商联合会一直在为推动全球保理业的发展而努力。据 C 的最新统计，目前保理业务最发达的地区是欧洲和美洲，它们分别拥有 427 家和 392 家保理公司，业务量分别占全球总量的 66% 和 22%；亚太地区由于近十年来保理业发展十分迅速，目前业务量已占全球总量的 11%。2001 年，全年保理业务量超过 10 亿欧元的国家有 36 个，其中业务量最大的国家是英国和美国，分别达到 1398 亿欧元和 1290 亿欧元。近年来，保理业务在我国开始呈现迅速发展的势头。

保理是一种通过收购企业应收账款为企业融资同时根据客户需要提供与此相关的包括债款回收、销售分户账管理、信用销售控制以及坏账担保等单项或多项服务的金融业务，银行以将来收到的应收账款资金作为贷款的偿还来源。保理商可以通过承购应收账款向其客户提供融资，是以客户的供货合同为基础的，这一融资方式的主要依据是客户的产品在市场上的被接受程度和其盈利情况，而非客户的财务状况。

在实际操作中，保理业务呈现多样化趋势。按保理商是否向客户提供上述所有相关服务分为全保理和部分保理；按有无追索权，保理业务可划分为有追索权保理和无追索权保理；按销货合同的买方在国内还是国外，可划分为国内保理和国际保理；按卖方是否告知买方保理商的参与，可划分为公开型保理和隐蔽型保理（或称为明保理和暗保理）；按保理商能够为供货商提供预付款融资，可分为折扣保理和到期保理，其中折扣保理称为融资保理，即保理商能够为供货商提供预付款融资。在折扣保理形式中，只要供货商将发票交给保理商，并且应收账款在信用销售额度内已被核准，保理商应立即支付不超过发票金额80%的现款，余额待收妥后结清。

目前在发达国家十分流行的发票贴现业务也是保理的一种，这种业务仅根据销售发票向卖方提供融资而无其他相关服务，卖方也不必通知买方，而且保理商对从卖方买下的应收账款有完全的追索权，因此它实际上是一种有追索权的隐蔽保理。

（二）中小企业保理融资的经济学分析

保理的本质是一种债务融资，其最大特点在于通过保理商对融入资金企业的资产负债管理来实现债权保全，再结合债权让售和债权担保等制度，确保保理商收回融资，因此，保理是一种企业与保理商双赢的现代融资方式。保理业务本身的特点决定了它是一种有效解决企业流动资金需求的融资方式，尤其适合于生产和销售原材料、消费品或提供劳务的中小企业的需要。

一方面，保理商可以通过承购应收账款向其中小企业提供融资，而应收账款的让售金额则以企业的销售合同为基础，反映了产品在市场上被接受的程度和其盈利情况，因此可以在很大程度上避免信贷过程中所产生的信息非均衡等情况。保理提供的融资最高可达合同金额的80%，通过这种方式，企业对流动资金的大部分资金需求可以得到满足，而且保理商提供的融资可以自动随企业销售的增长而增加。因此，对于那些成长中的中小企业，特别是正在开发新产品或新市场的企业，保理融资可以支持他们不断扩大销售提高利润，从而避免中小企业成长阶段中风险等级不一致所引致的融资缺口。

另一方面，保理业务提高中小企业应收账款的管理能力，降低应收账款的持有成本，减弱坏账风险。保理公司的专业知识可以帮助企业进行应收账款管理，提高应收账款的管理水平，这对于缺少完备会计系统的中小企业而言更是如此。此外，保理公司有专业技术人员和完善的业务运行机制，会详细地对销售客户的信用状况进行调查，建立一套有效的收款政策，保证账款及时收回。对于无追索权的保理，保理商为了避免债务人的违约风险，会更积极地催收货款。这既维护了企业与购买企业之间的良好合作关系，又向企业提供了信用管理服务。

保理业务通常可以减小坏账风险和坏账损失。这主要有两个方面的原因：一是保理商的专业知识可以提高信用管理的水平，从而降低了信用风险；企业其实通过保理这种方式将部分信用风险转移给保理商。当然，保理业务也不是灵丹妙药，它的适用性还是受到一定程度的限制。徐燕分析了保理业务的三个局限性：

一是保理只适用于那些通过销售所产生的债务可以自行成立的商品或服务，对那些无法确定债务人对商品的接受程度而难以确认债务是否能自行清偿的业务不适宜作保理。保理一般也不适合于直接面向个人消费者的零售和采用分期付款方式的长期合同；二是保理作为一种解决流动资金的短期融资方式，不适于长期资本融资；三是保理商在与企业签订保理协议之前，通常还要调查债务人的信用状况，对于信用较差的债务人，保理商出于自身利益考虑，通常不会与企业签订保理协议，即使签订了也大多是附追索权的保理，因此企业无法将坏账风险转嫁给保理商。

　　企业选择保理业务也需要支付一笔不菲的费用。只有保理费用小于企业不采用保理费用而所要承担的坏账损失时，企业选择保理业务才能创造企业价值，才是经济的。而坏账损失与企业的信用管理水平有很大的相关性，相对于中小企业而言，大企业的信用管理水平要高一些，发生坏账损失的概率要小一些，结果他们对短期融资和坏账担保的需求也不高。目前，国际上通常把保理定位为可以为中小企业提供的有效融资工具，而许多银行提供的保理业务实际仅仅成为大业美化财务报表的工具。这一现象也可以从另一个角度表明了保理业务不是每个企业都可以选择的业务，企业在选择时须遵循企业价值最大化目标，考虑保理业务是否可以真正带来企业价值的最大化。在实际操作中，企业选择保理业务，一般不会对企业经营带来长期的不良影响。但是，选择保理业务，中小企业应该注意以下几点：

　　（1）企业有一项或几项可靠的应收账款可以让售。前面的分析也看出，保理商其实不会接受信用差的债务人应付的款项。

　　（2）保理作为一种短期融资方式，还需要与其他短期融资来源的资本成本作比较。一般地说，当短期的贷款利率过高，而储蓄存款利率又相对较低时，选择保理业务时比较合适。

　　（3）企业的财务状况良好，但由于其他原因难以取得贷款。

　　（4）企业经营缺少资金，且急需生产经营周转资金。

　　（5）企业想维持与拖欠应收账款企业之间的合作关系，借助保理业务则可以达到这个目的。

第五章　中小企业投资决策与策略

中小企与大企业具有显著不同的组织特征，它们往往发展较快，能对市场要求做出旗速、灵活反应，能更好地适应市场条件，同时由书自身规模和融资渠 t 等因素限制，中小企业的投资数额非常有限。因此，中小企业吴大企业的投资决策之间存在共性的同时，也呈现出显著不同时特征。

第一节　中小企业的资本预算

资本预算又称为长期投资决策，是为适应今后生产经营上的长远需要而做出的经济资源的流出。这种资源的流出需要由长期投资收益来补偿，而不能由当期的销售收入来补偿，因此又称为资本性支出。资本预算的过程，其实就是长期投资方案选择决策的过程。如果将企业要进行的决策按所影响的期限分为战略性决策和战术性决策，那么投资决策就应当属于战略性决策。因为它影响到企业今后较长一段时期内的经营状况与盈利能力，而且企业决策层科学化的投资决策能力与方法是其他企业所无法模仿的资源，它可以给企业带来持续的超额利润。因此，从这个意义上说，

企业的投资决策能力是企业的一种战略优势。

一、资本预算的基本特征

无论是中小企业，还是大企业，它们所涉及的资本预算一般要包括以下七个基本要素：①资本预算的决策者。②资本预算的目标设定。③资本预算的状态。④备选的投资方案。⑤备选投资方案的可能结果。⑥投资状态、方案与结果三者的对应关系。⑦投资方案的评价与选择。资本预算本身所固有的特征，在很大程度上决定了资本预算决策的一般程序与方法。

（一）"有限理性"特征

根据西蒙的"有限理性"观，企业的投资决策只能是"足够好"或"令人满意"的决策。西蒙指出，环境的复杂性和不确定性，使得信息搜集和信息分析能力变得十分有限。因此，人们无法具备"最优化"所需的才智和条件。这就出现了投资决策中理性意识与理性能力的不一致。所谓理性意识是指决策层总是以企业价值最大化作为长期投资决策（也就是资

本预算）的目标，而在结果上往往因为有限理性能力而只能达到令人满意的结果。随着资本预算影响的时间越长，资本预算的制定难度越大，决策者信息搜集和信息分析能力越有限，理性意识和理性能力之间越有可能发生偏差。因此，与其他短期决策相比，资本预算的"有限理性"特征十分明显。但需要指出的是，理性意识与理性能力的偏差可以通过信息的完备性、组织学习等途径得以一定程度的纠正。

（二）影响时间长、投资数额大、风险性高

一般地说，长期投资项目发挥作用的时间比较长，需要几年、十几年甚至几十年才能收回投资。因此，一旦形成投资，将会影响企业未来长期的财务状况、经营成果和现金流量，甚至对企业的持续经营能力都有决定性影响。资本预算涉及的金额通常很大，投资不仅要形成大量固定资产，而且还需要投入大量流动资金。因此，对企业各期的现金流量状况有很大的影响。如果投资方案缺乏科学的评价和分析，对项目未来现金流量和盈利能力的预测不合理，那么方案的实施很可能会使企业陷入经营困境。正是因为资本预算持续作用的时间长、涉及金额巨大、投资风险性高，长期投资报酬率具有较大的不确定性。这主要体现在以下几个方面：

一是系统风险。包括国家宏观经济发展状况的变动、国家的产业政策的变动、通货膨胀、自然灾害等。二是行业内竞争状况的变化。包括供应商、现有竞争对手、潜在竞争对手、替代品及顾客的需求特征等，也就是波特的竞争力模型中五种竞争力量的格局变化。三是生产率风险。这主要来自不完善的技术条件给资本预算带来的风险。四是流动性风险。长期投资项目一旦投入实施，要想逆转或改变是相当困难的，不是难以实现，就是代价太大。正是因为资本预算涉及的固定资产及其他长期资产的变现能力较差，资产专用性太强，因此资本预算的流动性风险很高。

二、资本预算的一般程序

资本预算的过程是一个组织化的过程。资本预算的重要环节在于信息的搜集和分析，采用组织化将有利于信息在企业组织内外的交流和组织内部的流动和共享，从而能够正确做出决策并加以监督、修正及调整。总的来说，资本预算的过程主要包括以下几个步骤：

（一）资本预算目标的确立

合理的目标是合理资本预算的前提。预算目标必须十分明确，避免模棱两可、含糊不清。合理的预算目标应该可以衡量其成果、规定其时间和确定其责任的。资本预算作为企业决策的重要组成部分，应当服从于企业的战略。此外，资本预算的目标还与企业所处的成长阶段有关，如创业阶段的企业本身往往就是由一个或少数几个投资项目组成的，其资本预算首先要考虑如何通过这

一个或几个投资项目使企业得以生存，在许多情况下由于资金、人力、物力的限制，企业无法对投资项目做出非常细微的作业及策略计划，而在稳定成长阶段，企业的目标发

生改变，资金、人力、物力的限制已不大明显，资本预算中可以对投资项目进行更详细的分析和论证，并且可能不再简单地追求投资收益，而要更多地兼顾社会责任等目标。需要指出的是，这里所说的资本预算的目标不仅仅针对特定的投资项目，而是针对企业所有的资本预算。当然随着环境的变化，资本预算的目标也要随之变化，而不是一成不变。

（二）寻找并确定投资机会

寻找投资机会的过程是一个极具创造性的过程，它需要丰富的想象力、洞察力和完善的技术知识，并且往往需要相互启发、集思广益。投资机会的选择分为一般机会选择和特定机会选择。在一般机会选择中，包括投资地区、部门或行业以及相应的资源研究；特定的投资机会选择要确定投资项目的投资机遇，将项目意向变成概括的投资建议。它通常根据国家优先扶持的产业进行选择，然后根据自然资源和其他条件，确定投资的区域。在企业中，各个部门、各个层级的人员都会提出投资建议。投资机会的把握和确定需要企业具有一套高效的信息系统。企业组织的扁平化趋势将有助于信息在企业组织内部的顺畅流动。

（三）拟定投资方案

企业在确定了各个投资机会后，就要着手拟定投资方案。虽然从理论上说，投资方案越多，越有可能出现高质量的方案，选择的余地也越大，但由于资源、成本和资本预算时限等条件的限制，投资方案未必拟订得越多越好。拟订方案的过程主要是对投资机会进行具体化分析的过程，内容主要包括以下两个方面：一是提出投资建议的理由及依据；二是对项目的生产建设条件、投资概算、经济效益和社会效益情况作粗略说明。

（四）对投资方案进行可行性研究

这个阶段要对投资项目在政策合理性、技术先进性和可实现性、市场可行性、社会环境的适应性、财务效益性进行综合论证，并提出可行性报告。这一过程中一个很重要的环节是分析预测各个投资方案的成本收益及与此相关的风险，并为下一步评估和选择投资方案提供合理的预测数据。

（五）投资项目的评估与决策

在对各个投资项目的可行性进行分析后，下一步就应采取一定的财务评价指标和评价方法，对各个投资项目的风险与报酬做出评估，并提出评估报告，作为项目决策的最后依据。投资项目的究评估与决策是整个资本预算中最主要的一个步骤。

（六）制定资本预算计划

企业在选定投资方案之后，就要以文本的方式，将最终决策变成可实行的投资计划（或资本预算计划）。资本预算计划是对最优项目可行性研究的进一步研究和深化。制定资本预算计划时通常要说明的内容包括：

（1）投资的必要性及对企业经营的影响。

（2）投资项目的技术可行性评价。

（3）项目投资的各个阶段及所需要经历的时间。

（4）各阶段投资的金额估计。

（5）各阶段投资金额筹集的方式和渠道以及资本成本的测算。

（6）投资项目的收益估计。

（7）投资项目的财务可行性评价。

（七）执行投资项目＾

该步骤是将设计变成现实的过程。企业主要完成四个方面的任务：一是组织人员；二是确定完成计划所需资源，包括人力、物力、财力等，首当其冲的是项目实施所需要的资金，企业应该根据投资计划中制定的筹资方案，及时足额地筹集资金，以保证投资项目的顺利进行；三是根据进度计划安排任务及确定任务的开始与结束时间。具体来说，任务主要有以下几个方面：为投资项目的实施选择合适的地址；施工设计；制定年度建设计划；生产准备。

（八）投资项目控制

在项目的实施过程中，企业需要不间断地监督项目的进展情况，以判断对各种投资机会的收益、成本与风险的估测是否准确。企业还需要对投资项目的未来加以预测，根据现实情况对投资计划加以修订和调整，对可能出现的问题做出预警。

（九）投资项目的再评估

投资项目的再评估是对投资项目的最终结果与预期结果进行比较，以期对投资方案的选择、决策阶段的预期做出必要的修正，并提供能够更加准确估计和预测投资项目社会价值、经济价值及各类风险的步骤。投资项目的再评估主要包括两个方面：

1. 投资项目的总结评价

投资项目是否按计划如期完成，并将资金实际支出的数量和时间、实际产品的价格、材料成本及其他后续因素与企业提出投资方案时的预测数据相比较，分析差距的原因，审查项目在生产、管理、财务等方面存在的问题及原因；投资项目给企业提供了哪些有助于今后投资项目的信息，包括该项目今后继续运行中该注意的问题和需要在实施措施中做出的修正计划以及企业决策层在这个项目中得到了哪些经验教训，等等。

2. 投资项目现状及前景的预测

根据试运行期项目的运行状况，分析该投资项目潜在的盈利能力及未来收回投资的可能性，并对可能发生的问题提出应对措施。

三、中小企业资本预算的特征

上述资本预算的一般程序是中小企业与大企业之间共性的一面。但由于中小企业的独特性，其资本预算又呈现出与大企业不同的特征。

大企业的利润来源主要来自规模与范围的经济性。规模经济性指的是其单一产品的生产量增加带来的成本节约，范围经济性指的是多种相关产品共享某些投入、流程和资源以及技能转移带来的成本节约。因此，大企业的优势体现在大批量生产领域以及多种大批量生产业务的联合方面。而与大企业相比，中小企业的规模要小得多。这也可以从我国刚刚开通的中小企业板块看出来。这些上市企业的销售额大多在 10 亿元以下，从规模上看，远不如大企业；在业务范围上也大大小于大公司。因此，中小企业无法获取与大企业相当的规模经济性与范围经济性，它们大多集中在规模较小的市场或专业化的市场。这些市场的绝对规模普遍比较小。但高度专业化并体现为小规模市场上的高市场占有率的特性恰恰也成为中小企业的优势，它赋予中小企业更灵活的市场反应机制和经营机制。

中小企业的上述特性使得其资本预算具有以下几个特征：

（1）中小企业的资本预算面临着资金的限制。由于企业的规模较小，自身的累积资金往往无法满足投资需求，而与此同时，企业在外源融资中又面临诸多困难。资金限制条件下的资本预算，往往不存在较多可供选择的投资方案。

（2）中小企业投资方向往往局限于现有的市场或者关联度高的市场。企业能够对市场中潜在的机会保持较高的敏锐性。因此，资本预算中所需要的信息相当一部分都是比较熟悉的，企业只要能够收集到，就可以较好地把握和解读。

（3）由于专业理财知识和人才的缺乏，中小企业对投资项目的部分未来信息无法有效把握。如评价一个项目是否可行，从理论上看，企业需要获取该项目投资未来现金净流量的相关数据，但这对中小企业决策者来说较为困难而且成本太高。不过需要指出的是，与一些理财信息相比，中小企业对一些技术方面的信息往往可以较好地把握。

（4）由于人力、物力、财力等方面的限制，中小企业在投资项目的事前控制、事中控制和事后控制等环节上往往力不从心。这也

可以从中小企业存续寿命短、项目投资失败高等现象中看出来。

第二节　中小企业投资决策分析

由于中小企业具有与大企业显著不同的特征，因此研究中小企业投资项目的决策分析时应针对中小企业的特点，并重新观察和思考投资项目的决策分析方法。为了对投资方案进行正确的选择，企业还需要采用一定的评价方法，对项目进行认真的分析和评价，从而做出科学的决策。投资方案的评价方法很多，人们通常按是否应用货币时间价值原理将它们分为静态方法和动态方法，或非贴现现金流量评价方法和贴现现金流量方法。是否应用货币时间原理，实质上就是指是否在评价中采用现金流量贴现方法。

一、中小企业投资决策分析特点

大企业的投资决策分析中，应用最广泛的是现金流量贴现法，它包括净现值法、内涵报酬率法等。现金流贴现法的应用有一些前提条件，其中比较重要的有两个：第一，投资项目未来的现金流量可以可靠地预测；第二，能以资本成本作为折现率对未来现金流量进行折现。然而，这两个应用条件对中小企业尤其是成长早期的中小企业来说是不现实的。从现金流量可预测性的假设看，未来现金净流量数据的获取是建立在资料占有比较充分的基础之上的。这对中小企业决策者来说不仅有困难，而且成本也太高，换言之，也是不经济的。由于中小企业的经营环境要面临更大的不确定性，在预测未来现金流量时通常面临着采购、生产、销售等一系列因素所带来的困难。关于折现率的确定问题，中小企业同样不具备相关的条件，由于它们很少有能力在资本市场上筹资，因此，要预计其资本成本十分困难。

从总体上看，与大企业规模大、相对频繁的投资项目决策不同，中小企业的投资规模普遍较小且投资决策不太频繁，因此，投资决策不一定采用现金流量折现方法。此外，一些应用条件也限制了现金流量贴现方法在中小企业投资决策中的直接运用。一般情况下，中小企业更偏好计算简便、易于理解、便于操作的投资回收期法和投资利润率法。这就产生了一个矛盾：一方面，主流财务理论在现金流量的决策有用方面已经基本达成一致，普遍认为，现金净流量比会计利润更能客观反映投资的收益，而且在运用贴现分析技术时，几乎不得不采用现金流量的观念；另一方面，广大中小企业经营者的头脑中却没有现金流量的概念，他们追求利润最大化，更习惯于使用会计利润。造成这个矛盾的原因是多方面的，突出表现在：非贴现方法不仅成本低，资料易于取得，而且学习成本也较低，比较容易掌握。当然，使用会计利润等数据时，企业必须保证该数据的可靠与相关，因此，中小企业应当具有较完善的会计制度。此外，为了将决策的误差水平控制在一定范围内，投资项目的投资额不应该过大，投资期限不应很长。否则，非贴现决策方法的误差会很大。

二、投资方案评价的静态方法

静态方法是指不考虑货币时间价值，而直接按投资项目所形成的现金流量进行计算的评价方法。中小企业受自身规模、经营能力等各种因素限制，投资项目往往不大而且期限短，这使得货币时间价值对企业产生的影响也可能不大，因此采用静态方法做出错误决策的可能性也不大。静态方法具体包括静态投资回收期法和平均报酬率法。

（一）静态回收期法

静态回收期是指投资方案的原始投资全部回收所需要的时间，一般以年表示。常用PBP表示静态回收期。静态投资回收期法是以静态投资回收期的长短作为投资方案选择标准的一种决策分析方法。

（二）平均报酬率法

平均报酬率是投资项目整个寿命期内每年的投资收益与初始投资额的比率，反映了该投资项目的平均的年投资报酬率，以 ARR 表示。平均报酬率法是指以年平均报酬率作为投资方案的评价标准，并以此进行投资决策的方法。

年均报酬率法的主要缺点是它对各年现金流量产生的时间性不敏感，也就是说即使将前面几年产生的现金流量全部延至最后一年也不会影响年均报酬率，但这样显然会减少该投资项目的投资价值。但由于中小企业的特殊性，这一方法在实务中仍得到广泛应用。

三、投资方案评价的动态方法

尽管大多数情况下中小企业的投资决策倾向于使用非贴现的静态方法，但这并不否认贴现方法的科学性和合理性。对于中小企业而言，贴现技术的分析成本相对过高，比如对分析人的专业教育程度、分析预测方法、手段等有较高的要求。资料的可获得性也是不可忽略的限制性因素。分析成本和信息的解读成本相对于投资额较小的中小企业来说可能是不经济的。然而，随着中小企业的发展，投资规模、范围和频率将逐渐趋向于大企业，而且这时经营者往往受到良好的教育和专业训练并积累了相关的知识和技能，经营环境也逐渐改善，因此，无论客观还是主观条件，中小企业应用现金流量的贴现分析方法进行辅助决策都具有一定的可行性。据此，中小企业的经营者有必要逐渐了解并尝试应用现金流量的贴现方法，即动态方法。

所谓动态方法是指在评价投资方案时，应用货币时间原理将未来现金流量进行折算，然后再计算各个指标的方法。总的来说，动态方法比静态方法更能科学地评价投资方案。一般地，长期投资项目发挥作用的时间比较长，需要几年甚至几十年才能收回投资，而且投资涉及的金额也很大，而静态方法下却忽略了资金的时间价值，对每笔收入与支出的时间性和变动性不够敏感。因此，采用静态方法可能会形成错误的决策，而使用动态方法，则可以弥补静态方法的某些缺陷。投资方案评价的动态方法具体包括：动态投资回收期法、净现值法、现值指数法、内涵报酬率法、外部报酬率法和等年值法等。

（一）动态投资回收期法

动态回收期法是在静态回收期法的基础上考虑货币时间价值的因素而形成的一种评价方法。它首先按一定的贴现率对投资项目未来的现金流量进行贴现，然后再计算动态投资回收期。与静态回收期法一样，动态回收期法也分为各年现金流量相等与不等两种情况。

（二）净现值法

净现值是按企业要求达到的折现率将各年的净现金流量折算到 0 年之值的总和。

净现值法主要应用了现值概念的等值特性。现值金额在价值上等于未来现金流量按一定的贴现率进行折现后的现值。这样，涉及各年未来现金流量的复杂决策就变成了在 0 时刻的初级决策。

净现值法应用了货币时间原理，通过贴现将未来现金流量折算成现值，从而将不同时期上的现金流量换算成同一时点上的现金流量的比较，使得决策更加科学。另外，净现值法考虑了整个投资项目寿命期内的现金流量发生的时间性和变动性。此外，该方法利用企业要求的最低报酬率作为贴现率进行折现并以此作为评价和选择方案的标准，因此可以在很大程度上避免企业投资决策失败的风险，使得该投资项目的报酬率至少能补偿所投入资金的资本成本。正是净现值法有上述优点，它在投资方案评价中得以广泛应用。不过，我们也不能忽略净现值法的缺陷和在实际操作中可能存在的困难。净现值法的缺陷主要有三个：一是对于两个投资寿命期限不同的两个项目，应用净现值法得到可；能形成错误的决策，因为除了项目本身的盈利能力外，项目的期痕长短也将对净现值产生重要影响；二是当两个项目的投资规模不同、投资规模大的项目净现值大、投资规模小的净现值小时，应用净现值法也难以得出正确判断，因为在这种情况下，不同投资方案的净现值实际上是不可比的；三是净现值法无法揭示各个方案本身可能达到的实际报酬率，在资本限额的情况下，只根据净现值的绝对额往往无法做出正确的投资决策。

（三）现值指数法

现值指数法可以弥补净现值法在两个投资方案的投资规模有所差异时的缺陷。它不是简单地计算投资方案的净现值，而是计算流入现金流量现值和流出现金流量现值的比率，以此说明每元投资未来可以获得现金流入的现值，从而使不同投资规模的方案有了共同的可比基础。

（四）内涵报酬率法

前面几种评价方法都无法揭示投资项目本身的实际报酬率。内涵报酬率法则弥补了这个缺陷。所谓内涵报酬率是指使投资项目的净现值等于零的贴现率。内涵报酬率实际上就是投资项目的真实报酬率，反映了该投资项目在其寿命期内实际可以达到的投资报酬率。

内涵报酬率的计算较复杂，但可以得到较精确的结果，从而反映出投资项目的实际报酬率。在逐步测试法中，当贴现率从6%增加到10%时，净现值逐渐变小，并由正值变为负值。在这一变化过程出现了某种界限，在该界限上的贴现率即是该项目的实际报酬率。将企业融资的资本成本与内涵报酬率相比较，这个界限又成了投资项目接受与否的分界线。因此从这个意义上看，内涵报酬率实际上是一种保本收益率。

内涵报酬率法是一种常用的评价方法，但它并不完美。在实践中，人们逐渐发现内涵报酬率法有以下几个缺陷：

（1）内涵报酬率法假设某投资项目在其投资寿命期内各期贴现率、资本成本都相同。而实际上，由于风险的不一致，各期的真实贴现率并不一定完全相同。

（2）对于在寿命期内现金流量的正负符号（现金流入为正，现金流出为负）的改变超过一次以上的非常规方案，可能出现多个内涵报酬率，这就对投资方案的评价带来困难。

为了克服内涵报酬率法的第二个缺陷，我们引入"外部报酬率法"。

（五）外部报酬率法

所谓外部报酬率（用表示）是指使一个投资方案原投资额的终值与各年现金流量按基准收益率或设定的折现率计算的终值之和相等时的收益率。它既是按统一的收益率计算各年的净现金流量形成的增值，又可避免非常规方案中多个内涵报酬率的问题，可弥补内部收益率指标的不足。

（六）等年值比较法

等年值是指根据要求的最低报酬率和投资项目的寿命期，将未来各期的现金流量换算成各期等值的金额。等年值比较法是根据等年值的大小来分析、评价投资方案经济效果的一种评价方法。一般地，等年现金净流入值越大（等年现金净流出值越小），该投资项目的投资效果越好；反之，则投资效果越差。

年金终值系数年金现值系数由于这种方法将各期可能不等的现金流量换算为某一个时点上的等值现金流量，因此它比较适合对投资寿命期不一样的项目进行评价。

第三节　中小企业投资战略和策略

我们将投资战略和策略视为一个整体进行分析。投资战略和策略是中小企业投资决策中最重要的组成部分。有效的投资策略有助于帮助中小企业有效地收回投资并获得预期收益。前面所论述的一系列投资决策方法的成功运用依赖于中小企业正确的投资战略和策略。

一、中小企业投资的误区

在现实中，许多中小企业的投资存在一些误区。这些误区有可能阻碍了中小企业的进一步成长，甚至将企业推向破产倒闭的边缘。概括地说，中小企业在投资项目的决策中存在以下几个误区：

（一）投资缺乏整体战略和项目的经营战略

许多中小企业发展很快，甚至超过他们的预想，企业决策者往往还没有思考企业的整体战略，只有一个远景展望，大致内容就是营业额要达到多少，利润要达到多少，而没有考虑企业面临的发展机遇与挑战、优势与劣势，以及现有的竞争格局（供应商、顾客、潜在的竞争对手、替代品等）。企业寻找、确定新项目根本不考虑长期发展战略，只要是所谓的"好项目"、能够赚钱的项目就行。项目的选择还有一种"一味求新"的倾向。有些企业认为，产品越新、质量越好，营销成功的可能性越大。它们在强调技术创新的同时，却忽略了经济效益。企业的产品创新在保证技术可行性的同时还要考虑顾客的适应性，创新产品应该与消费者的认知和支付能力相适应，而不能为了创新而创新。现实中，许多新产品的创新成本太高，其功能在绝大多数消费者看来，尚未达到普及的程度。在这样的背景下，新产品的市场前景可想而知。此外，企业在推出新产品的同时还需要考虑知识产权保护，为了限制搭便车的竞争者加入，企业有必要在新项目的开始阶段，就设置较高的进入门槛。与这些必要的手段和措施相反，我们通常可以发现周围的一些中小企业"小而全"，盲目采用多元化战略而不加以控制，最终导致倒闭。正如希金斯指出，增长过快而破产的公司数量与因为增长太慢而破产的公司数量机会一样多。笔者并不反对中小企业的创新战略和多元化战略，但有必要将这些战略置于一个长期的整体战略指引之下，只有这样才能保证中小企业的可持续发展。

（二）项目人员配备不合理

许多中小企业在组建项目组人员时，通常的做法是找几个懂一定技术的人员，成立企业发展部，也没有详细的工作计划，就一个很笼统的任务——找项目。一般地，项目组人员的合理配置，应该是 40% 的市场营销人员，30% 的经济理财人员，30% 的技术环保人员。通过市场研究来确定项目建设的必要性，通过企业战略、经济环境和政策研究及赢利能力的财务分析确定项目的合理性，通过技术环保论证确定项目建设的可能性和成长性。人员配备不合理的一个严重后果是项目控制的失控。其结果往往是成本暴涨，实际投资远超出预算，最终结果往往不尽如人意。项目管理中缺乏整体思路，没有把握好关键控制点，使得项目工期严重拖延。

（三）忽略市场调查的重要性

一个投资项目的回收在于它所开发的产品是否能够得到顾客的认可，是否和市场需求相一致。因此，为了避免产品与市场需求脱节，在新项目投资前，进行市场调查是必需的。在发达国家，市场调研费用占销售额的 2% ~ 4%。而在我国中小企业的资本预算中，很少有市场调研的单独列项。许多中小企业既没有专职的市调人员，更没有独立的市场部门，而在聘请调研公司时往往将价格压得很低，最后的结果是得到二手或闭门造车的投资报告。

（四）不重视研发投入，缺乏核心竞争力的培育意识

发达国家的企业在研发的费用一般要占销售额的 3% 以上，美国近十年企业在研究开发上的投入要占销售收入的 3.5% 以上。但我国许多企业的研发费用所占的比重还不到 1%。造成这种差距的原因是多方面的。一方面，与中小企业的规模偏小等客观条件有关；另一方面，也与中小企业缺乏创新的意识有关。国外许多中小企业都有自己的核心技术等核心竞争力，而我国许多中小企业一直在大企业的缝隙中生存，没有自己的核心技术，其核心竞争力很弱。尽管如此，许多中小企业仍然满足于现有的微利，而不愿投入更多的研发费用，甚至采用假冒等手段维持盈利。

二、中小企业投资战略和策略选择

为避免投资误区，中小企业应该采取合理的投资战略和策略：

（一）要有一个总体的长期投资战略

没有长期战略的指引，中小企业的投资很可能陷入短期利益的迷雾中。由于规模的限制，中小企业的有限资源在短期内很难实现整合优势，因此中小企业首先必须认清自己在市场中的竞争地位，并据此制定一个总体的长期投资战略。在大部分产业领域，中小企业是依赖大企业的发展而生存的，当然，这种依赖绝不是"寄生"关系，而是一种"共生"关系。"共生"是互惠的、不可分割的关系。傅贤治认为，中小企业必须能为大企业创造价值链剩余，才能获得长期生存的基础。但中小企业之间争夺与大企业"共生"关系的竞争却十分激烈。只有那些能够更多地为大企业创造消费者剩余的中小企业才能获得"共生"条件。这是中小企业寻求市场突破的一种最常用的方法。

中小企业需要充分认识到，自身和大企业之间是一种共生的利益均衡关系。如何培育这种关系，可以从内部和外部两个方面着手。从内部看，中小企业需要积极培育自身的核心竞争力。企业首先需要分析自身的内部资源和条件，包括资金、技术、不动产、设备、无形资产、劳动力等一切可利用的企业资源，分析和认清自己的长处和优势、短处和劣势，找到内部潜力的挖掘和发展方向。这是企业培育核心竞争力的重要前提。国外许多中小企业由于有自身独特的技术或者核心竞争力，能够与大企业长期保持合作关系而不至于成为后者的附庸。从外部看，根据迈克尔·波特提出的几种竞争战略，由于中小企业在规模上的劣势，其成本领先战略的实施不大现实，不过，企业可以在差异化和集中战略上有所作为。中小企业可以通过创新能力的提高和专业化道路，奠定自身的生存基础。在某些专业领域，中小企业依靠技术创新，不断改善大企业的价值链水平，从而成为大企业不可缺少的一部分，而且高度的专业化，也使中小企业获得了一定的成本优势。在制定相应的竞争战略时，企业应该充分认识所处环境的竞争状况，包括竞争对手、供应商、目标市场、替代品以及潜在的进入者。

内部战略和外部战略呈现互动的关系，在一个正确定位的战略指引下，中小企业也可以培育自己的核心竞争力，并获得可持续发展的能力。

（二）中小企业发展战略的选择分析

中小企业的总体战略奠定了未来的投资发展方向，而具体发展战略则是总体战略在某个发展阶段的实施和细化。当中小企业发展到某一阶段时，总是面临着规模扩张路径的选择。中小企业规模扩张战略通常可分为规模扩张战略、多元化战略、产品开发战略、市场开发战略等四种。

市场渗透战略是成长期中小企业最常用、最热衷的战略选择，通过扩大现有产品在现有市场的销售规模，以期进一步增加销售量，提高市场占有率，从而获取规模经济。中小企业应当根据产品的生命周期、市场需求、产品的市场地位等因素制定合适的策略方案。中小企业选择市场渗透战略时，必须注重商业信誉，不能单纯为了追求市场占有率和销售规模，如冠生园事件就是一个失败的案例。

产品开发战略是指中小企业通过改进现有产品或者开发新产品的方式扩大企业在现有市场上的销售量。这是企业保持市场领先地位和拓宽产品线的重要选择。中小企业采用市场开发战略时必须避免"信息互异性"所带来的冲突，如海尔药业和海尔电器之间可能存在的某些信息冲突。如果现有顾客群对现有产品的相关信息已经有相当深刻的印象，在同一市场推出新产品时必须注意使新产品和现有产品的信息保持一致性。此外，中小企业为开发新产品引进先进技术时，必须关注技术的经济可行性。

市场开发战略是指当现有市场基本饱和时，中小企业通过开拓新的市场、发现和培育新的顾客群以及增加新的销售渠道等方式为现有的产品开发了新的市场。由于中小企业的信息成本约束和资金条件限制，其市场的持续开发能力往往不足，因此企业需要事先做好充分的准备并审慎选择。

多元化战略是指企业实施多项业务组合的发展战略。根据业务之间的相关性程度不同，可以把多元化战略分为相关多元化和不相关多元化战略。相关多元化战略是企业增强或者扩展现有资源、能力及核心竞争力而采用的一种战略，以期利用不同业务之间的范围经济。中小企业在生产能力、技术等资源过剩的情况下可以选择这一战略。不相关多元化，是指企业的业务组合之间没有任何关联性，既没有经营层面的相关性即资源共享，也没有公司层面的相关性即核心竞争力的传递。但不相关多元化战略如果实施不好，很可能损害企业的竞争优势。一些中小企业过分采用或盲目进入诸多高利润行业，反而失去了自己的优势产品，原本有限的资源被太多的行业给分散了，使得规模的劣势更加突出，最终损害了企业的发展潜力和灵活性。尤其是一些科技型中小企业，由于受到科技创新所带来的高市场增长率的吸引走向多元化经营道路，却不管产品的市场前景如何。事实上，产品的技术关联性与市场关联性之间并没有必然的联系，也就是说，中小企业很可能因此进入一个陌生的行业和经营领域，使得经营能力等原本缺乏的资源变得更加稀缺。这样的多元化是一种非理性的多元化，无助于企业核心竞争力的培养。傅贤治也认为，企业的扩张是企业核心能力的延伸，一个企业在从单一化向多元化迈进时，除了具备核心能力输出以外，还涉及企业经营方式和管理模式的全面变革。从日常精细化财务管理的角度看，中小企业的多元化战略还应当有更细致的要求，既要求理性投资，不管对内、对外投资都以有助于企业长期战略发展目标为决策前提，又需要通过事中和事后的控制、监督和考核评价确保投资的保值和增值，努力提高投资效益。许多中小企业之所以没有取得成功，其非常重要的原因在于不能控制多元化战略的实施与经营方式等变革之间的关系。

（三）中小企业应该选择合适的投资方式策略

投资方式包括自创、外包、战略联盟，等等。虽然我们不否认企业自身进行技术创新的重要性，但对于中小企业来说，生存是其第一要务，因此，如何有效地在产业链中保住市场地位是至关重要的。如何选择投资方式呢？我们认为，以是否有利于培育企业的核心竞争力作为选择标准。企业可以把一些自身没有优势的制造环节外包出去，专门掌握具有相对核心竞争力的环节，如委托加工零部件，以自己的品牌组装进行试销售，对市场有了一定的把握或占有了一定的市场份额以后再自己上生产线，如果市场不理想，再放弃该项目，这样就降低了投资风险。总的来说，单凭靠自身的力量从事技术创新，需要投入相当多的研发费用，并承担创新失败的高风险。除此之外，中小企业可以选择其他方式，如与其他企业联合研究，或者与高校及科研机构合作研究。

（四）加强市场调查和项目管理的能力

许多中小企业的投资失败的主要原因就在于它们对市场调研的认识和重视程度不够，导致最后开发出来的产品与市场需求严重脱节。市场调研包括市场调查和营销分析，不仅要有真实可靠的实地调查数据，更重要的是，要根据已有的真实材料进行分析。

市场调研是系统收集、记录、分析和报告信息的过程。当然，信息成本可能是一笔昂贵的成本支出，尤其聘请专业机构做，可能费用更高。不过，中小企业可以依靠自己的销售人员，借工作之便进行调研或临时执行调研任务，随时收集本行业信息，也可以充分发挥自己企业网站的优势，进行网上调研。不过，对于重要的投资项目，企业应由相关专业人员专门负责市场调研工作。此外，企业还需要充分认识到项目管理的重要性，并想办法提高项目管理的能力。为此，企业还需要配备相关的专业人员，而不仅仅由一些技术人员组成。

第四节　中小企业对外直接投资策略

中小企业对外直接投资的迅速增长已经成为现代世界经济中的一个突出现象。我国中小企业也纷纷走出国门，还到海外进行直接投资。中小企业已成为我国企业跨国经营的一个重要组成部分，其成败会直接影响到我国"走出去"战略的实现。

一、中小企业对外投资的特征

近年来，伴随着我国中小企业的快速发展，生产规模不断扩大、技术水平的提高、企业竞争力逐渐增强，特别是加入WTO后，广大中小企业对外投资的规模不断扩大。目前，我国中小企业对外投资呈现以下几方面的特征：

1. 规模小、效益差

从投资规模和效益看，我国中小企业境外平均投资规模较小，效益也一般。以中小企业占很大比重的浙江省为例，浙江省境外投资平均规模为58.78万美元，中方独资的平均投资规模仅为 9.67 万美元。这样的投资规模大大低于发达国家跨国公司国外子公司 600 万美元的平均规模，也低于其他发展中国家跨国公司子公司平均 260 万美元的规模。另外，据不完全统计，目前中国海外企业盈利户数约占 35%，亏损户数约占 65%，海外投资整体效益较差。

2. 投资区域较为集中

从投资的区位选择上看，境外企业主要分布在少数发达国家、东南亚国家和地区、俄罗斯及东欧国家。其中，贸易型境外投资机构重点集中在发达地区和国家，如美、欧、日等；生产型境外投资机构重点集中在周边地区，如东南亚；研究与开发型境外投资机构重点集中在少数发达国家，如美国、日本等。

3. 行业覆盖面狭窄

从行业选择上看，首先，企业以贸易机构进行境外投资居多，其次为工业性项目。总体趋势是经营行业覆盖面逐步拓宽。目前我国海外投资涉及的领域已从贸易和餐饮业逐渐发展到渔业、能源、纺织服装、商业零售等多方位。从投资方式上看，大多数企业采用新建独资或合资的方式。对于目前国际直接投资中广泛采用的收购、兼并方式，我国只有少数大型企业有所尝试。一方面，这是因为我国企业对兼并、收购方式不熟悉，缺乏国际并购的经验；另一方面，新建独资方式可以避免新旧管理制度的冲突与摩擦，而合资方式则不需要太多资金投入，还可以利用合作伙伴的销售网络。

4. 投资结构不合理

在产业结构上，海外投资偏重初级产品产业，忽视高技术产业的投资；偏重消费品投资，忽视生产性投资；偏重对国内效应弱的产业投资，忽视对国内连锁正向效应强的产业投资；在投资企业中，从事商品流通的外贸企业多，而生产性企业少。不合理的投资结构导致投资与国内生产企业的断档、分割，致使海外投资风险加大。另外，在投资币种的选择上，美元所占的比重过大，币种过于单一，在当前国际金融市场风云变幻莫测的情况下，加大了中方投资的外汇风险。

二、对外直接投资的优势和劣势

中小企业对外直接投资是中小企业实现跨国经营的方式之一。与国内投资不同，对外直接投资不是企业国内经营活动的简单外延，而是企业经营组织和经营要素的跨国拓展和优化，它的投资收益和风险将与国际市场环境密切相关。从总体上看，中小企业对外直接投资既有优势，也有劣势。中小企业在做出相关的投资决策时，有必要深入分析自身的优势和劣势。

（一）对外直接投资的优势

尽管受到资本规模等限制条件，但不可否认中小企业通过对外直接投资进行跨国经营具有一定的优势。从演化的观点看，中小企业的成长是一个核心知识和动态能力不断积累的演化过程。近些年来，中小企业尤其部分民营中小企业无论是财富还是竞争力和企业家素质，都有很大的飞跃。在现代国际经营环境中，不仅大企业具有对外直接投资的能力，而且许多中小企业也已具备开展对外直接投资的条件，只不过两者处在不同的对外直接投资演进阶段，投资的目的和动机不同罢了。从总体上看，中小企业的对外投资有以下几个优势：

1. 有利于提高企业的竞争力

中小企业独特的技术创新活动使中小企业可能获得"技术地方化"的优势，通过利用技术和自身的特点满足当地的特殊需求，从而形成比较竞争优势。技术地方化理论由拉奥首先提出的，他认为，若一国拥有可以满足当地特定需求的技术或某种优势，该国就可以进行直接接资。英国经济学家约翰·邓宁提出类似的观点，如果企业拥有或能够得到别国企业没有或难以得到的生产要素禀赋及产品的生产工艺、发明创造能力和专利、商标、管理技能等就可以为对外直接投资获得所有权优势。世界市场是多元化的、多层次的，与此相对应，所有权优势也具有一定的层次性。

大企业尤其是一些跨国公司的技术创新表现为大量的研究与开发投入，处于尖端的高科技领域，引导技术发展的潮流，提升技术的内涵。因此，大企业的所有权优势处于价值链的高端，但这些优势只能在一些对此有需求的国家和地区才能发挥出来。如许多发展中国家由于投资环境尚不完善，生产规模小，市场范围狭小，客观上限制了跨国大公司的进入。中小企业的技术创新由于受到规模和资本限制，往往局限于对先进技术的改进、消化和吸收，甚至有些人认为中小企业所使用的是"降级技术"，但这种技术创新并不是简单的模仿和复制。中小企业利用特有的"学习经验"和组织能力，掌握和开发现有的生产技术，拓展技术应用的广度和深度，从而为企业带来一定的竞争优势。事实也证明了这一点，许多中小企业的研究发能力不强，研发投入规模不大，仍然能够在大企业技术垄断的夹缝中得以立足，其中非常重要的原因就在于中小企业独特的技术创新能力。中小企业的技术创新优势尽管处于价值链的中低端，但仍然可以在某些对此有需求的国家和地区得以发挥。从总体上看，我国中小企业在国际市场的某些细分市场上具有相对优势，如机电、纺织、食品加工及传统的中药、园林、烹调技术等。因此，这些成熟技术对于发展中国家乃至发达国家都具有相对优势。

2. 企业经营机制灵活

中小企业组织经验上的某些优势也为中小企业对外直接投资提供了可能性。组织经验是在企业内部通过对经验知识的学习和积累而获得的员工技巧和技能的提高。罗森（1972）将组织经验分为三种类型：一是一般管理经验，主要指的是组织内部的计划、组织、指挥、协调、控制以及财务管理等一般管理职能；二是行业专属％管理经验，指的是与某特定行业的生产与营销特点相关的特殊管理能力；三是非管理性经验，指通过对经验的学习随着时间的推移发而逐步提高的生产工人的技术水平。就一般管理经验而言，多"小、快、活"一直被视为中小企业经营管理上的优势。与大企业相2比，中小企业的组织结构简单、层次少、信息传递快、对外环境变化^反应迅速，能根据市场需求变化迅速组织生产，准备期短、适应性快、灵活性强。当然也不可否认，中小企业存在某些组织管理上的经验欠缺，如财务管理能力。就行业专属管理经验而言，许多中小企业的经营业务比较单一，它们往往是在同一个行业成长起来的，并在成长的过程中，掌握了与该行业相关的丰富管理经验。因此，如果中小企业对外直接投资所涉及的行业是原来经营的行业，那么所积累的知识和技能就可以通过投资加以延伸和扩展。非管理性经验即"学习曲线"，是在中小企业成长的过程中不断积累起来的。目前，已有相当一部分中小企业通过与外商合资等方式卓有成效地吸取了先进的管理经验、营销知识和信息技术，逐步由生产型管理向经营型管理转变，从而实现了"质的飞跃"。

3. 产权清晰

中小企业明晰产权的优势也为对外直接投资的成功提供了产权制度保障。制度经济学已经充分证明了明晰产权对提高经营管理效率的重要性。科斯提出的定理认为，只要交易成本不为零，那么产权的初始设定就是重要的。威廉姆森、张五常等经济学家也从不同的角度论述了产权安排的重要性。大部分学者认为，我国的国有企业之所以效率低下，就在于产权制度缺陷，真正拥有决策权的不是产权主体，而是作为受托人的内部人，由于"所有者"缺位，国有企业面临着严重的"预算软约束"、"内部人控制"等问题。在这种情形下，决策者的责权利是极度不对称的。而中小企业中相当一部分是民营企业，明晰的产权基本上克服了国有企业存在的"痼疾"，决策者的责权利是基本对称的。因此，中小企业的决策者在对外直接投资时，具有较强的产权约束，能够审慎投资，从而 g 提高了投资项目成功的可能性。

4. 种族纽带优势和中小企业集群

依靠种族纽带，在侨民集中地开展对外投资，是发展中国家的一种特有的竞争优势。中国分布在各地的华人有几千万，共同的文化背景使他们互相之间容易沟通合作。在这些地区投资，可以迅速获得各种信息，容易进入当地市场。这种优势，一方面体现在华人的合资、合作经营上；另一方面，表现为中国跨国企业为当地华人提供产品与服务。如许多国家都有华人聚居的"唐人街"，在这些区域形成了特有的中小企业集群。中小企业的"集群"现象也突出表现在国内的一些区域，如长三角一带。企业集群以其创新优势、"结构竞争力"优势、差异化优势、区域品牌优势和网络效应等优势，在中小企业的国际化进程中显示出极大的优越性。

（二）对外直接投资的劣势

尽管中小企业对外直接投资具有一定的优势，但劣势和所面临的风险也非常明显。

1. 中小企业抗风险能力普遍比较低

如上所述，中小企业对外直接投资不仅仅是国内经营业务的简单延伸，而是将投资完全置身于国际大环境中。中企业在享受东道国一定程度的国民待遇的同时，也要受更严格的政策和法律约束，因此，企业所面临的风险将有别于国内的风险，不仅要面临自然风险，还要面临价格风险、销售风险、财务风险、外汇风险、人事风险、技术风险等经营风险，更要面对政治风险、战争风险、国有化风险、社会治安风险、资金移动限制等风险，以及制度差异风险、文化差异风险等不确定性更大的风险。与大企业相比，中小企业

往往受到自身人力、财力、物力等条件的约束，这些约束条件削弱了企业抗风险的能力。在约束条件下，中小企业对东道国的金融究政策、外汇管制、税法、劳工法律等了解不全面，对有关经济政策的变化反应不敏感，难以制定相应的防范对策，以减少和转移风险带来的损失；对于对企业外部因素造成的风险，中小企业的抗风险能力就更弱了。跨国公司在对外直接投资时，也会遭遇东道国企业的抵制，面临的竞争环境比较严酷，这种情形下，国内的母公司就可以凭借强大的资金实力，鼎力相助从而减少和避免风险损失。而中小企业由于势单力薄，往往无法有效分散风险，甚至可能发生海外子公司拖垮母公司的情形。

2. 中小企业整体的国际竞争力普遍比较低下

根据瑞士洛桑国际管理发展学院在 2001 年发布的《世界国际竞争力年鉴》，中国在参评的 46 个国家中，管理竞争力排在第 40 位，总体竞争力排在第 38 位，内在竞争力排在第 33 位，环境竞争力排在第 40 位。这说明，中国企业的国际竞争力远远落后于世界。如果专门评价我国中小企业的国际竞争力，问题恐怕更产重。我国中小企业规模普遍偏小，技术的原创性比较少，缺乏拥有自主知识产权的核心技术和核心产品，缺乏名牌产品。有相当一部分学者认为，我国中小企业是在模仿和复制中长大的，中小企业还曾经一度被称为假冒伪劣产品的罪魁祸首。中小企业掌握和开发现有技术的确可以带来一定的竞争优势，但这种优势并不是长期的。

此外，中小企业集群的优势在对外直接投资中没有很好发挥也是一个重要原因。冯德连、徐洁香分析了我国中小企业集群所存在的一些问题：群体企业同质产品过度竞争，区域间低水平重复构建；群内企业经营者素质不高，质量、品牌、商标意识淡薄；官、产、学、研合作机制不完善锁定"效应及单一产品结构使集群面临一定的市场风险。所有者这些原因都削弱了中小企业的小规模优势，减弱了中小企业在对外直接投资中所依赖的国际竞争力。

3. 跨国经营人才短缺

对外直接投资需要一定的跨国经营人才，凭借他们的专业知识和技能，为企业进行投资项目的前期论证、建设期间的项目管理、经营期间的企业管理等跨国经营活动。跨国经营是一项复杂的工作，需要具备丰富的知识、通晓国际惯例的复合型经营管理人才，而我国中小企业严重缺乏这方面的人才，且企业管理层整体素质不高。据抽样调查，我国企业普遍存在着素质较差的问题，比较突出的是文化程度偏低。特别是具有本科学历的较少，仅占 14.6%，其中有研究生学历的仅占 0.4%，大专、中专学历占 71.4%，这些数字中还包含了相当比例是由成人教育、干部培训取得的学历。尽管学历并不能说明全部问题，但至

少可以从一个侧面反映出我国企业管理者的素质问题。

三、对外投资的政策支持和策略

根据对外直接投资的优势和劣势分析，推动中小企业对外直接投资并获得有效回报需要企业和政府共同的努力。我们拟从政府和中小企业自身两个方面对此做出分析。

（一）对外直接投资的政策支持

迈克尔·波特于 1990 年提出的钻石模型为分析政府在推动中小企业对外直接投资中的作用提供了一定的理论基础。波特认为，国家竞争优势来源于四个基本因素和两个辅助因素的整合作 J 用。基本因素包括生产要素状况、需求状况、相关和支持产业、公司战略、结构和竞争，辅助因素包括机遇和政府等两个因素。政府发的作用在于影响四个基本因素，即可以对这四者之中的每一个因素施加积极或消极的影响，从而对产生竞争优势的过程施加积极 ^ 的或消极的影响。两位加拿大学者对迈克尔·波特的"钻石模型"进行改进，提出了一种分析企业集群竞争力的 GEM 模型。虽然这个模型是用来分析企业集群的，但在分析政府在中小企业对外直接投资方面仍然有较好的解释力。笔者认为，政府可以在以下几个方面发挥作用：

（1）创造有利于对外直接投资的体制环境，完善相关的法律法规、产权保护、金融、财政、劳动力供给、可持续发展等公共政策。

（2）培育各种规范的中介服务机构，切实为中小企业的对外直接投资提供信息传递、技术咨询、创业指导、融资服务、人才培训等服务。许多中小企业的投资失败就在于对东道国的法律法规政策的不了解。政府通过政策支持建立一批中介结构，帮助中小企业搜集海外市场的相关信息，可以在很大程度上降低对外直接投资失败的风险。

（3）积极培养跨国经营人才。跨国经营人才是对外直接投资和跨国经营的必要条件，而中小企业严重缺乏这类人才，这严重阻碍了对外直接投资，增大了投资的风险。随着中小企业对外直接投资步伐的加快，跨国经营的人才越来越重要，而且要求也越来越高。他们不仅要精通企业管理、经济、技术等方面的专业知识和技能，而且还要懂外语、国际惯例，熟悉本国的对外经济政策、法规，精通东道国的法律、地方文化风俗。地方政府可以充分利用本地高校、学科的优势，积极培养这种多学科交叉的复合型外经人才，这不仅可以促进中小企业顺利进行对外直接投资，还提高中小企业的跨国经营能力，有利于企业的国际竞争力和国际化程度的提高。

（二）对外直接投资的策略选择

当然，对外直接投资可否取得成功，中小企业自身的策略选择也是非常关键的因素。具体地说，主要有以下几个方面：

（1）中小企业应当充分认识自身的优势和劣势，选择合理的投资区位。我们可以把海外投资市场大体分为东南亚地区、拉美地区、俄罗斯和东欧地区、非洲地区以及欧美地区等几个区位。一般而言，中小企业直接在欧美地区进行投资的难度比较大，可以首先选择发展中国家寻求廉价生产成本，再进入欧、美、日等地区和发达国家市场的通道。我国与东南亚地区有地缘上的优势，在许多国家都有华人聚居地，这为海外直接投资提供了良好条件。此外，我国当前的经济水平、产业层次与该地区比较相近，转移国内成熟的技术和产业比较便利，而在文化、语言等方面则更具备其他区位无法比拟的优势。在对外直接投资中，由于文化冲突而造成的投资失败的案例也很多，因此，在该地区投资可以减少因文化冲突而带来的风险。拉美地区在文化、地缘等方面与欧美比较接近，在这个区位投资可以比较有利地进入欧美市场。我国中小企业的许多成熟技术和产品在俄罗斯和东欧地区有一定的优势和市场。但该地区的政治不太稳定，社会治安也存在一定的隐患。因此，中小企业在投资前应作好一定的准备。非洲地区的经济在近些年来已经

有了明显起步，由于该地区大多为欠发达的国家，因此，在这里投资可以享受到发达国家给予的许多优惠条件。不过，非洲地区的投资环境欠佳，政策法律不完备，政治风险比较高。尽管进入欧美市场的难度很大，但近些年来，仍有一些中小企业在该地区成功投资。我国中小企业在某些领域所掌握的成熟技术、物美价廉的产品仍然可以在这些地区占有一定的比较优势。

（2）科学的投资决策。中小企业在海外投资时所面临的风险与国内的风险有很大的差别，除了经营风险之外，还要面临汇率风险、政治风险、政府管制风险等。因此，中小企业在对外直接投资时，必须进行充分的海外市场调研，遵循科学的投资决策程序，审慎投资。在做出跨国经营决策之前，中小企业有必要对东道国的政治、社会'、经济、文化、法律等宏观投资环境进行分析，了解相关的金融政策、外汇管制、公司法、劳工法、破产法等方面的政策法规，做到有备无患。根据各国政治经济人文环境的不同以及行业竞争情况的不同，制定不同的投资方式。此外，还需要对不同的国家和地区进行比较，力求把安全度高、获利大的国家和地区的项目确定为直接投资对象。

（3）充分利用东道国的区位优势。所谓区位优势，是指不同国家和地区所具备的比企业所在国更有利的经营条件或比较优势。中小企业为了规避汇率管制、进出口壁垒等限制条件，可以减少从技术、资源等的进口数量，充分利用区位优势，寻求当地的原料和零部件等投入来替代进口。中小企业还可以充分利用东道国的人力资源，以减少语言、文化等给市场开发造成的障碍。有些公司已经注意到，从费用上讲，雇用当地人比从国内派工作人员要经济得多。因此，无论从管理角度还是从节约费用角度看，雇用当地人员是中小企业对外投资的合理选择。因此，中小企业在投资前还需要了解相关的区位信息。然而，由于资本等限制条件，中小企业获取外部市场信息的能力较差，很难获得关于区位优势的准确信息。中小企业可以通过政府或中介机构的信息支持及彼此之间的联合或通过国际互联网等途径获取信息，了解国外投资区域的区位优势。

（4）建立战略联盟，加入国际分工与合作的全球性网络，充分发挥中小企业集群的优势。由于中小企业自身实力有限，对于直接投资在多数情况下仍然非常困难。于是，加入

国际产业分工和网络协作的跨国经营便成为当今中小企业对外投资的一个重要战略选择。我国很多中小企业在技术密集型、劳动密集型或生产管理方面具有很强的实力，它们凭借其某方面的核心竞争力可以以最小的代价加入国际产业分工和协作网络。借助产业分工和合作网络，中小企业可以利用大企业的各种优势，克服中小企业在信贷能力、知名度、谈判地位等方面的困难，降低市场不确定性的风险。建立跨国的战略联盟也是全球经济一体化最重要的发展趋势，这种战略联盟可以是具有战略目标的长期关系，也可以是为了取得既得利益而形成的短期关系。既可以是小企业与规模较大企业之间的垂直合作，也可以是规模相差无几的中小企业间的水平联合。此外，中小企业也不能忽略企业集群的优势。中小企业集群所带来的创新等优势，极大地促进了我国产业国际竞争力的提升。以温州为例。温州制革行业现有企业 2000 余家，年产值超过 1000 万元的企业有 50 多家，2000 年全行业实现产值 130 亿元，主要产品为合成革、牛皮革和猪皮革。目前，温州仅合成革生产企业就已发展至 130 多家，生产线近 200 条，2000 年产值达 60 亿元，占国内市场份额的 60% 以上，已成为全国最大的合成革生产基地，产业国际竞争力很强。中小企业通过分工协作关系等方式形成中小企业群，再以集群向外投资，可以增强对外直接投资中抗风险的能力。意大利发展中小企业的模式，如网状家具企业群发%展模式、"无形大工厂"的模式、众星捧月的百能顿模式等可以给我国中小企业对外直接投资提供借鉴意义。当前，我国已走出去的中小企业许多是孤军作战，势单力薄，无法发挥有效的优势。

为了提高对外直接投资的成功概率，中小企业的对外投资需要克服传统的条块分割、互相争夺利益、单打独斗的思想，转变传统的竞争究理念，树立合作竞争的新理念，因此，建立战略联盟、加入分工与合作网络、形成企业集群是一个有效的路径选择。

第六章　中小企业营运资本管理

营运资本是流动比率的另一种表达方式，反映了流动资产与流动负债之间的配置关系。就中小企业来说，营运资本的管理活动始终是其发展过程中最重要的内容之一，而融资活动和投资活动对企业可持续发展贡献的实现也将依赖于营运资本管理活动。在第二章　曾提到，现金、存货以及信用的控制是中小企业财务控制的关键点。对这三个关键点的管理也是中小企业营运资本管理的主要内容。

第一节　中小企业的现金管理

现金是中小企业所有流动资产中流动性最强的资产。现金管理作为企业财务管理的重要方面，其管理效果的好坏直接关系到中小企业的生存和发展。完善现金管理流程、提高企业现金管理效率，已经成为中小企业目前在财务方面提高竞争优势的首要任务。

一、中小企业现金管理的目标

与同行业的大企业相比，大部分中小企业的市场地位比较弱小。因此，中小企业依靠扩张规模增加盈利比较困难；相反，降低内部运作成本则成为中小企业企业获取竞争优势的重要来源。而提高资金的使用效率则是降低企业运作成本的重要方面，现金管理则成为提高现金使用效率最重要的工具。我们所提倡的精细化管理就是要求中小企业将将视角投向企业生产经营过程中的各个环节和细节，从小处着手管理现金，并以此提高现金的管理效率。

目前，积极的现金管理对我国许多企业尤其是中小企业来说，仍然是一个陌生的概念。中小企业往往忽略充分运用暂闲置的资金，它们多数只是把所有现金存入银行。显然这种流动性组合最多只能获得定期存单的利息收入。而发达国家许多大公司对现金管理却极为重视，它们充分利用不同的货币市场工具，选择适合公司需要的现金管理策略增加流动性组合收益，同时保证主要经营业务的资金需求。一般地说，积极的现金管理给企业带来的收益要高于定期存单的年利率。有人估计，积极的现金管理比定期存单的收益至少要高1%。也就是说，如果总金额为1亿元，通过积极的现金管理每年可以为公司获得100万元的额外收益，这么大的获利机会是不应被忽视的。当然积极的现金管理还与货币市场的完善程度有较大关系。我国当前缺乏具有投资价值的货币市场工具，也阻碍了中小企业外部的现金管理。这里着重从企业内部着手分析如何对中小企业的现金进行有效管理。

现金管理的目标主要有两个：一是保证足额和及时地满足企业的各种需求，企业拥有足够的现金可以降低企业的风险，可以应付一些意外情况，增强企业的短期偿债能力和盈利能力；二是尽量缩减企业闲置现金的数量，提高资金的收益率，因为持有现金不能或很少能够给企业带来收益。随着持有现金量的增加，它所提供的流动性收益也逐渐下降，从而降低了企业总的盈利水平。

显然，现金管理的两个目标是相互排斥的。缩减持有的现金就容易造成现金短缺，无法满足企业日常生产经营活动对现金的需求。而为了满足各种需求而持有足够的现金，就可能造成现金的闲置而降低了企业的盈利水平。因为各种需求都只是企业事先预期的，实际发生相关的现金支出与此会有较大的出入。因此，在现实工作中，企业需要把两个目标统一起来，在现金的流动性和盈利能力之间做出权衡，使现金收支不仅在数量上，而且在时间上相互衔接，达到现金收支的动态平衡。

二、现金管理与中小企业可持续发展

融资缺口是中小企业发展中所存在的重大障碍，若再缺乏有效的现金管理，极易造成资金周转困难，因此，如何进行良好的现金管理，是中小企业的重要课题，对企业的可持续发展具有重要意义。

一般认为企业持有现金有以下四个动机：交易动机、预防动机、投机动机、补偿动机。交易动机是指企业持有现金以应付预期交易的现金支出；预防动机是指为应付预期之外的现金支出而持有的预防性现金余额；投机动机则是指企业为利用各种市场机会而持有的现金；补偿动机则源自债权人对企业流动性的要求，如银行在借款合同中规定企业必须在其账户中保持最低的存款余额。

因此，如果中小企业持有充足的现金，就可以规避各种由于现金流动性不足所导致的问题，诸如影响订货量、影响工资发放、无法及时偿还到期债务、丧失有利的商机等。但现金持有过多同样会损害中小企业的可持续发展能力。一方面，过多的现金余额可能降低企业的获利能力。现金是流动性最强但同时也是营利性最差的资产。如果企业的现金持有量过多，必然会使一部分现金由于无法投入正常周转而闲置，从而减少生产性投资，降低盈利水平。另一方面，过多的现金增加了舞弊的可能性和代理成本。由于现金的流动性最强，因此，持有大量的现金，在其保管以及使用过程中容易出现舞弊等行为。代理理论还指出，自由现金流量是引起所有者与经营者代理关系紧张的重要原因之一。一些中小企业可能在各地设有办事处或者小规模的分公司，在这一情形下，如果各办事处或者分公司的代理人拥有过多的自由现金流量，就有可能强化决策行为的自利倾向，从而增加代理成本。现金管理的有效性在于维持企业充足而合理的现金数量，权衡现金不足和现金过量两方面对企业产生的利弊影响，化解和协调现金的流动性与营利性这一对矛盾，以期在确保安全的前提下，为中小企业获取长远的最大效益。

尽管现金管理对中小企业的生存和发展来说具有相当重要的意义，但仍有相当部分的中小企业的现金管理非常薄弱。有学者曾分析乡镇企业现金管理所存在的一系列问题。笔者认为这些问题在中小企业中具有一定的代表性。这些问题归纳起来主要有以下几种表现：①账册设置不规范、不完整，内部制约乏力，无法进行有效的会计监督。②出纳等现金管理的直接责任人的素质比较低。③现金的使用效果欠佳。④财务主管只注重报销、支出发票的审批，忽视现金流入的核实和监控。⑤现金管理"抓大放小"，忽视了零星开销的有效管理。⑥不遵循国家《现金管理暂行条例》、银行支付结算制度等有关制度规定。⑦入账的现金收付凭证不实、不准、不全。⑧会计基础工作不规范，影响了企业现金流量表的真实性和完整性。这些都是企业在现金管理的基础制度以及日常规范等方面所存在的问题。可以想象，如果一个企业的现金管理存在这么多的问题，那么它的资金使用效率肯定不会高，也无法真正实现持有现金的预期目标，其可持续发展的能力也必定会受到影响。因此，中小企业有必要从可持续发展的视角出发，实施积极有效的现金管理方法。

三、最佳现金余额的确定

中小企业通过一定的模型确定最佳的现金持有余额，从而指导现金管理实践。最佳现金余额的确定要求在现金持有的营利性和流动性之间找出最佳结合点。现金持有的营利性要求企业在各种现金持有成本之间进行权衡，以期持有现金的总成本最小；现金持有的流动性要求企业持有的现金能够满足各种需求。财务学家为确定最佳现金余额建立了多种模型，这里加以简单介绍。

（一）现金需求模型

现金需求模型是一个简单的模型，它的出发点在于企业持有现金应当满足未来某一期间的需求。企业期初的现金量越多，需要补充现金的次数就越少，相关的交易成本也越少。当然需要补充现金的次数还与企业在未来某一期间的现金需要量有关

四、中小企业现金管理方法

中小企业为了实施有效的现金管理，有必要做好以下几个方面的工作：

（一）建立和健全企业现金收支的内部控制制度

企业现金收支内部控制制度的基本内容主要包括：

1. 明确现金收支的职责分工及内部牵制制度

将现金收付业务的人和记录这些业务的人分离开来，即要求由不同的职员来分别担任这些职务。现金实物的收付及保管只能由出纳员来负责处理，其他职员不得接触支付前的

任何现金；现金日记账或现金出纳备查簿由出纳员登记，但现金总分类账的编制和登记工作必须由其他职员担任；负责应收账款的职员不能同时负责现金收入账的工作，负责应付账款的职员不能同时负责现金

支出账的工作；负责调整银行存款的职员应同负责银行存款、现金支出账、应收账款、应付账款的职员分离；现金支出的审批人应同出纳员、记现金总分类账的职员分离。简而言之，有效的现金收付控制制度应当实行钱账分管制度，即管钱的不管账、管账的不管钱的原则。

2. 明确现金支出的批准权限

任何现金支出，必须经过授权人员批准方耐使用。此外，中小企业还有必要根据现金支出经济业务的内容、性质、金额大小在不同层次的人员进行批准权限的划分。

3. 做好收支凭证的管理及账目的核对

主要包括：建立和完善有关凭据的传递、保管、领用和登记等制度；现金收支要日清月结，并将现金日记账和实际库存进行核对；对现金要进行定期和不定期的盘点，对于现金短缺或溢余，应及时查明原因，报经审批后予以处理，等等。

4. 遵守相关政策法规

要严格按照国家《现金管理暂行条例》、《银行结算办法》、《票据法》等有关规定和结算纪律，处理现金收支。这样做，既可以避免因违规而受到惩处，也可以保证现金收支的安全。

（二）编制科学合理的现金预算

作为现金管理的重要工具，编制现金预算是加强现金管理的重要环节，可以综合体现现金的流转情况。现金预算是企业估计整个预算期内的现金收入和现金支出，并由此预计未来结果的过程。通过现金预算，中小企业可以掌握以下几个方面的内容：业务活动状况；应付债务、税额、利息的支付日期及余额，以便预先准备所需的资金；需要向外筹措资金的时间及数额，以便预先规划较有利的筹资方式；协调企业所属各部门及分支机构的现金需要；把握采购机会，及时支付货款，等等。现金预算可分为三个步骤进行：确定现金收入计划、现金支出编制现金预算表。编制科学合理的现金预算可以合理地处理现金收支业务，调度资金，保证企业金融活动的顺畅进行。企业可以根据具体情况，选择固定预算、弹性预算、零基预算、滚动预算、概率预算等现金预算编制方法。企业编制现金预算时，应当充分考虑商品购销现状，应收账款和应付账款账龄及额度，企业木身和债权人信用状况及政策，计划期现金收入、现金支出、非正常性现金收支、现金余缺，现金融资和还本付息计划等因素。

在预算期内，中小企业还应切实按预算安排现金支出，力争现金收入量与现金支出量同时等量地发生以最大限度地利用资金，确定适当的现金置存额，并及早采取措施合理安排使用多余的现金和弥补现金的不足，以充分发挥现金的使用效益和保证经营的现金需要。

（三）加强现金收付账的管理

在收款方面，企业应当采取和选择有效的收账方式以加速收账，以提高现金周转率。主要包括：

（1）银行业务集中法。即企业在销售业务比较集中的地区设立多个收款中心，要求企业在不同地区的客户将转账支票寄至企业指定的收账中心，收账中心将转账支票存入当地银行账户，并向中心储备系统报告每笔储蓄。各地方银行通过票据转移等方式将其多余的现金向企业总部指定的集中服务银行转移。

（2）锁箱法。即企业通知客户将款项汇至当地邮局的一个特设信箱，当地银行从该信箱中取款，存入企业在该银行的账户，这种方法可大大缩短资金在途占用时间。

（3）建立科学有效的收账政策，尽量采用安全快速的结算方式。

在付款控制方面，企业在不影响自己信誉的前提下，尽可能推迟应付款的支付期，充分运用供货方和银行的提供的信用优惠。主要方法有：

（1）采用远距离付账，增加票据清算延迟时间，以期获得额外收益。企业在选择选用票据支付款项时，应尽可能选择从离收款人地域间隔很远的分公司所在地开出票据，并且选择制度规定有效期长的结算方法，延长付款清算时间，以期获得额外收益。

（2）透支。力求与银行建立良好的关系，在必要的时候，在银行核准的额度内进行账户透支，获取短期收益。必须关注的是，透支必须充分考虑实际成本和机会成本，即透支所支付的费用应高于其所融的资金使用带来的收益。

（四）制定适当的存货控制方法和资本预算程序

保持适当的存货量，既能保证经营业务的正常需要，也能使存货占有的营运资本降低到最低的限额。存货控制效率的大小将直接影响到现金流量的大小。适当的存货管理可以在保证需要的前提下最小化资金的占用，从而提高资金的使用效率。此外，企业还需要制定科学合理的资本预算方法和程序。在进行投资前，应进行有效的资本预算，衡量其投资报酬率，采用科学的方法评价投资项目，以免因投资失误而危及中小企业自身的生存。

（五）充分管理现金浮存

从企业开出支票到收款人收到支票并存入银行，再从银行将款项划出企业账户，中间需要一段时间。现金在这段时间的占用称作现金浮存。在这段时间里，尽管企业已开出了支票，却仍可动用在活期存款上的这笔资金。企业可以通过延长或减短存入银行的支票的托收和寄给债权人的支票的结算的时间，即利用"浮存"来影响企业的现金收支。现金浮存管理的核心思想在于尽量减少托收（收款）浮存，增加支付（付款）浮存。当然，企业在利用浮存时应当遵循合理、合法、合规的原则，不能违背有关会计法规以及银行有关支付结算办法的规定。

第二节　中小企业的存货管理

存货是指企业在生产经营过程中为生产投入或者销售而储存的物资，包括材料、在产品和产成品等。存货在大多数中小企业的流动资产中都占据很大的比重，同时，存货又是一项变现能力比较差的流动资产。中小企业存货管理的目标就在于权衡各种存货成本和存货收益并使之达到最佳结合。

一、存货管理与中小企业可持续发展

在一般情况下，中小企业对外投资活动比较少，因此对一般产业而言，存货是中小企业主要的营业活动与获利来源，营业利润占税前利润的主要部分。有学者统计，一个制造企业的存货比例约占企业资产总额的15%以上，商业企业的存货比例要占资产总额的25%以上。因此，就其规模来看，存货的管理水平和效率将直接关系到企业的资金占用水平以及资产运作效率，并对中小企业的可持续发展产生重大影响。企业储存存货需要占用资金和成本的支出。一方面，存货的流量和存量特征将会直接影响到现金的流量和存量（或逆差或顺差），进而影响暂时闲置现金的管理和投资；另一方面，企业存货是企业生产经营活动顺利进行的前提条件，它的存量和流量与生产、销售等业务活动紧密相关。中小企业普遍受到资本限制，自由现金流量极少，而一个企业核心的发展能力恰恰来自现金流，一旦资金周转不灵往往直接威胁到企业的生存。在现实中，我们也可以发现许多中小企业的库存积压非常严重，结果进入了资金流的恶性循环，最后不得不亏本销售。产品的积压最终影响到企业的生产活动，现金流的短缺使得企业无法继续生产经营活动的材料供应，最后的结果只能是中断生产。可见，中小企业有效的存货管理对可持续发展具有相当重要的意义。

在不同的存货管理水平下，企业的平均资金占用水平差别是很大的。如果存货规划与管理不当，将使企业蒙受重大损失。存货过多，不但造成资金呆滞，且易导致存货过时、损坏、仓储成本增高；存货过少，则可能因缺货而丧失销货机会和延误生产。实施正确的存货管理方法，可以降低企业的平均资金占用水平，提高存货的流转速度和总资产周转率，并最终提高企业的经济效益。存货周转率是企业总资产周转速度的重要决定因素，也是现金周转的重要影响因素。

在应收账款周期和应付账款周期不变的情况下，存货周转速度和现金周转速度呈正相关性。加快存货的周转速度，可以提高现金的周转速度。同理，过多的存货储备，将占用企业过多的资金，降低企业的资金的周转率。虽然从表面看，存货管理同现金管理、信用管理等涉及现金流的直接管理不同，但是它们的本质都是管理企业的现金流。从价值链角度看，存货是企业物流的重要载体。有学者估计，企业物流成本占营销成本的50%，这其中的存货费用大约能占35%，而物流成本又能占产品全部成本的30%～85%。因此，存货相关成本降低的潜力比其他任何环节都要大得多。与此同时，有效的存货管理对现金流的改善效果也将比价值链的其他环节要显著。

有效的存货管理除了对中小企业现金流的改善效果之外，还包括以下几个方面的良好效益：①供应链的正常有序运转，既可以减少停工待料的发生，使生产工作顺畅，又可以及时满足顾客的产品需求，维持企业良好的市场形象。②良好的存货管理还可以提高存货的控制效率，维护资产的安全，减少人为损失。③良好的存货管理可以平稳企业的全年工作，避免员工旺季工作过度，淡季无事可做，增加人事的稳定性，提高员工的忠诚度。总之，有效的存货管理是中小企业良好绩效的重要特质之一，是保证企业可持续发展的重要环节之一。

二、存货管理的演进和现状

正是认识到存货管理对企业可持续发展的重要性，人们对存货进行有效管理的努力与探索一直没有停止过。到目前为止，存货管理经历了三次重大的变革，每次变革都提高了存货的周转以及现金的周转速度。第一次变革发生在1953年，日本丰田公司开发适时生产技术，其基本思想是追求一种零存货的生产系统。该技术成为日本汽车工业竞争优势的一个重要来源，而丰田公司也成为全球在JT技术上最为领先的公司之一。第二次变革来自于数控和传感技术、精密机床以及计算机等技术在工厂里的广泛应用，这些技术使得工厂的整备时间从早先的数小时缩短到几分钟。在计算机的帮助下，机器很快从一种预设的工模具状态切换到另一种工模具状态而无须走到遥远的工具室或经人工处理之后再进行试车和调整，整备工作的加快使传统工厂的在制品库存和间接成本也随之减少。存货管理的第三次革命来自信息技术和网络技术在企业中的运用，这些技术使企业的生产计划与市场销售的信息充分共享，计划、采购、生产和销售等各部门之间可以更好地协同，生产预测较以前更准确可靠。从上述存货管理的三次变革中，我们可以看出，与企业组织结构的变化相类似，存货管理也呈现出信息化、网络化的变化趋势，这使企业的生产能更具柔性，能更紧密地贴近市场，从而提高企业的运背效率。与此相对应，企业在存货上的平均投资水平呈不断下降的同步趋势，进而可以将更多的现金流投入其他更能创造企业价值的环节。

从管理水平的理想状态来说，实现"零存货"管理可以使耗费在存货上的成本降到最低，即等于零。但是，从中小企业目前技术经济条件和管理水平来看，信息化水平普遍较低，管理手段和方法比较落后，存货的积压现象还是相当普遍。即使在一些管理水平较高的中小企业中，也经常库存一些存货。究其原因，就在于库存具备的一系列功能：库存可满足因季节变化而产生的临时性要求；能够满足顾客立即交货的需求；库存可以应付临时增加的订单和交货期的变动；可以应付企业内部其他原因所导致的产量变动。此外，即使在全自动化的生产过程中，由于材料供应时间不确定、质量低劣的残次品不可避免、设备调试准备时间较长、车间布局不尽合理等原因，中小企业保持一定数量的存货还是必需的。既然中小企业存货库存是一个客观事实，那么中小企业库存管理的核心就应当是解决储备多少存货的问题。存货库存量的多少直接影响到企业现金流量。因此，为了使占用在存货上的资金尽可能减少即存货成本最小，有必要对存货管理问题做深入研究。存货管理就是按照一定的标准和方法，通过一定程序，对企业的库存材料、在产品、产成品的批量及成本进行管理和控制。但需要指出的是，随着信息化程度和管理水平的提高，以及外部商业环境的剧变，许多中小企业已经开始认识到减少库存、提高存货管理效率的重要性，并着手存货管理方法的改进，这主要表现在以下几个方面：推行先进的存货管理方法；积极改进存货周转的效率；调整存货政策；增加销售预测的正确性；由生产导向型转向销售导向型；努力提高销售预测的正确性。尽管这几个方面与大企业比起来尚有许多差距，但对中小企业自身来说，不得不承认这是积极的变化，有利于中小企业可持续发展能力的提高。

三、中小企业存货管理传统方法

人们认识到存货管理的重要性后，开发了一些存货管理模型与方法。这些模型从不同角度提出了各自的观点。概括地说，存货管理模型与方法可以分为两类：传统的存货管理模型与方法和现代的存货管理模型与方法。中小企业可选择的传统的存货管理模型与方法主要有：定额控制、归口分级管理、挂签控制、ABC分类控制法、经济批量模型，等等。传统的存货管理模型与方法的核心思想在于认可了存货库存的合理性以及生产准备成本、订货成本、储存成本存在的合理性。这里分别对各种方法作一介绍：

（一）定额控制

定额控制是指通过确定生产经营过程中的存货资金的数量标准，然后据以对存货资金的占用和费用支出进行有效的控制。存货的定额作为一种数量标准，可以作为衡量存货占用资金使用效率的尺度，也可以作为企业衡量相关部门和人员管理绩效的指标之一。定额控制实施的效果，与定额自身的制定有较大的关系，一个制定不合理的定额标准就无法起到衡量的作用。不过，定额控制的局限性也非常明显。在市场瞬息万变的情况下，所谓"计划不如变化快"，事先的定额往往无法真正把握市场的变化，这个思路也是与供应链管理的思想相违背，无法真正适应快节奏的市场变化。当然，对于业务量变动不大，采用这种低成本的容易操作的控制方法是比较合适的。正是这个原因，目前许多企业仍然采用这个方法来控制存货。

（二）归口分级管理

所谓归口分级管理制度，是指在总经理（厂长）和总会计师的领导下，以财务部门为核心，按照用、管、算相结合的原则，将存货的定额和计划指标，按各职能部门所涉及的业务归口，再按其对口分解、分级落实到车间、班组以及个人负责的管理制度。总的来说，这种分权管理的方法有利于调动各职能部门和员工管好用好存货的积极性和主动性，把存货管理同生产经营管理结合起来。不过，该方法的局限性在于无法有效地让整个企业的存货水平降至最低。所谓的局部最优之和不一定导致整体最优。即使各个部门的存货管理可以达到较高的水平，但各个部门的综合结果却不一定是高水平的存货管理，其中最重要的是整合问题。归口分级管理若没有一个存货信息（采购、销售）的共享为前提，是无法让企业的整体存货水平达到最低的。

（三）挂签控制

挂签控制法是指对主要存货都悬挂一张记载永续盘存记录的标签，在标签上载明各种信息的卡片，其中包括存货的名称、编号、经济批量、订货点、收入、发出、结存等基本资料。这种方法简单易行，能随时观察存货的收支结存数量，能及时组织订货，有利于做好存货控制工作。但这种方法主要适用于收发存货不是很频繁的企业。

（四）ABC 分类控制法

ABC 分类控制法是意大利经济学家帕累托于 19 世纪首先创立的，以后经不断完善和发展，现已广泛用于存货管理、成本管理和生产管理。通常按各种材料耗用的金额占材料消耗总额的比重，或各种产品计划成本占产品计划总成本的比重，并采用一定的标准，划分为 A、B、C 三类，其中 A 类最重要，其耗用总额最大，而且都是主要材料，A 类存货的品种、数量约占全部存货的 5% ~ 10%，资金占金额的 70% ~ 80%；B 类材料的品种、需用量、耗用总额、对生产的重要性均处于一般状态，B 类存货数量占全部存货的 20% ~ 30%，资金占金额的 15% ~ 20%；C 类材料品种多、需用量小、耗用总额较少，C 类存货的品种、数量占全部存货的 50% ~ 70%，资金占金额的 5% ~ 15%。通过 A、B、C 分析，对各类存货有区别地进行管理。

（五）经济批量模型

经济批量模型是最基本的存货定量控制方法，其目的在于决定进货时间和进货批量，以使存货的总成本最低。

经济批量模型有以下假设：

（1）在一定时期内存货的耗用量为常数。

（2）每天存货的消耗量相等。

（3）存货无中断供应的风险，不必考虑保险库存。

（4）存货单价或生产成本保持不变。

（5）每次订货成本看作固定成本，单位存储成本固定不变。

四、中小企业存货管理现代方法

存货管理的理论从传统方法发展到现代方法，其目的均在于使存货管理更具有效率。

尽管许多中小企业因条件所限，无法达到某些现代方法的适用要求，但从中小企业成长演化的角度看，零库存应当是其追求的目标。在一个经济全球化环境中，要参与全球竞争，就必须具备相应的竞争能力，显然，管理方法也是一个相当重要的竞争项目。假如竞争对手采用了比自身更先进的存货管理方法，那么极有可能损害自身的竞争优势。从消费者的角度看，由于现在的消费形态与过去相比已有相当显著的改变，消费者偏好日趋不稳定性，时尚与潮流概念大行其道，产品的生命周期越来越短。在这种背景下，中小企业如果库存过多，将会丧失对新产品的应对力。因此，中小企业有必要了解一些现代的存货管理方法。

（一）适时制存货管理

适时制存货管理于 20 世纪 70 年代由日本丰田汽车公司首先创建。它强调的是："只在需要的时间，按需要的量，生产需要的产品。"也就是说，企业应仅仅持有刚好能满足生产和销售需要的存货，并通过不懈的努力不断减少存货，从而实现降低成本、获取利润的目的。零存货是其最高目标。

适时制对传统的存货管理产生了深远的影响，甚至有人提出这是对传统存货方法与模型的否认。通过均衡生产来实现零库存是适时制的核心内容。它要求实现企业生产的均衡化，也就是说，当生产线上的每一道工序完工后，立刻会有新的原材料或在产品进入该道工序。这种思路至少在以下两个方面给传统的存货管理方法产生重大影响：

（1）订货方式。在传统的管理体制下，往往采用首先由原材料供应商报价，生产商根据以往的经验以及报价高低来确定原材料供应商的订货方式。在适时制下，首先由生产商根据市场情况确定产品的目标价格，然后与原材料供应商一起共同研究如何在这个目标价格条件下制造出该种产品。这个思路体现了供应链的管理思路，生产商和供应商保持一种良好的合作关系，共同将将生产线上的每一生产环节进行细分，分析降低零部件成本的措施。

（2）生产流转方式。在传统的管理体制下，原材料的投放是由计划决定，而在产品的投放则完全依据前一道工序的生产情况，因此具有极大的盲目性。在适时制下，前一道工序根据后一道工序的需要生产或订货，也就是说，生产线的各道工序只在必要的时候，获得必要的原材料和半产品，按要求生产必要数量的产品或在产品，减少原材料和在产品的库存，及时消除无效劳动。

（二）MRP，ERP

MRP（MateralRequrementPlannng）是建立在计算机基础上的生产计划与库存控制系统，其主要内容包括客户需求管理、产品生产计划、原材料计划以及库存记录。到了 20 世纪70 年代，出现了具有反馈功能的封闭 MRP，该系统把财务子系统和生产子系统结合为一体，采用计划—执行—反馈的管理逻辑，对生产各项资源进行有效规划和控制。

嵌入 ERP（EnterprseResourcePlannng）是由 GartnerGroup.nc 咨询顾问与研究机构于 20世纪 90 年代初提出来的。ERP 具有强大的系统功能、灵活的应用环境和实时控制能力，信息集成范围更为广阔，并且支持动态监控，支持多行业、多地区、多模式或混合式，是制造业未来信息时代的一种管理信息系统，成为企业信息化的代名词。

五、价值链管理和存货内部控制

无论传统还是现代的存货管理方法，都离不开中小企业的价值链管理。价值链的概念由波特于 20 世纪 80 年代提出，很快就风靡全球。价值链管理的核心思想在于集成的管理思想和方法，从整体上降低企业成本，提高管理水平和经营效率。根据价值链管理思想，中小企业有必要重新审视内部价值链，根据变化的实际情况重构价值链，在价值链的各个环节降低存货成本。当前有些中小企业的内部价值链往往以仓储部门为中心，并以此构建内部的物流程序，即根据仓库的原材料数量决定采购量，根据仓库的完工产品决定销售。显然，这样的价值链导致了严重的效率损失，有必要进行价值链重构。重构后的价值链应当以销售部门的订单来确定应该生产的产品数量，总装车间需要多少半成品，半成品车间就生产多少，生产出的半成品直接送入总装车间，同时进行全程质量控制，降低产成品的废品率。

存货管理效率的提高还有赖于中小企业对存货的内部控制，如果一个企业的存货控制很薄弱，那就无法保证存货资产的安全和完整，也无法保证各种存货管理方法的贯彻执行。由于存货占用企业的资金量较大，品种繁多，实物量也较大，因而容易产生隐性损失、计价混乱、账实不符等问题，所以必须加大对存货的监控。第一，要建立内部控制制度。存货流程的每个环节都必须遵循岗位分离、相互制约、内部牵制、授权审批的原则，并建立合理的操作程序，以最大限度地避免管理漏洞。第二，要成立独立的仓储部门，将原材料、产成品的保管业务从供应部门、销售部门分离出来，划归仓储部门负责管理。同时，供应、销售、仓储、财务各部门相互协调和牵制，有效保证存货的安全完整及核算准确。第三，存货流转的各个环节应当形成完整的资料，以便于后期的检查。第四，定期和不定期地对存货进行盘点，以揭露存货管理中的问题及加强相关责任。尽管盘点本身不会产生任何价值，但它是提高存货控制效率必不可少的手段和方法。企业可以根据存货的种类、重要性程度、价值大小、数量等因素选择全面盘点法、抽样盘点法、重点盘点法等方法。需要指出的是，中小企业还应当设法提高盘点效率，减少盘点损失。在盘点工作之前，企业需要作好有效的规划，拟定好盘点计划，选择合适的盘点人员，并根据盘点结果尽快采取相应措施。

六、供应链管理与存货成本控制

前面所论述的存货管理方法都是从中小企业内部的角度来分析存货管理问题。但仅仅达到内部优化目标是不够的，中小企业有必要从供应链的角度着手管理存货。供应链的概念在 20 世纪 80 年代末被提出。近年来供应链在制造业管理中得到普遍应用，已成为一种新的管理模式。世界上有许多跨国公司成功实施了供应链管理,从而大大降低了存货成本。典型的例子是沃尔玛,通过供应链管理的成功实施,公司每年可以比竞争对手节省 7.5 亿美元的配送支出。供应链管理是对供应链中的信息流、物流和资金流进行设计、规划和控制,从而增强竞争实力,提高供应链中各成员的效率和效益。供应链管理可以帮助管理人员有效分配资源,最大限度地提高效率和减少作业周期,降低存货量,减少存货成本。概括地说,供应链管理对存货管理有以下几个积极作用:

(1)供应链管理使得企业可以随时把握存货信息和采购信息,组织生产,及时补充,从而降低企业的存货水平和存货的持有成本。

(2)供应链管理可以加强供应链上各个环节上相互信任的合作关系,信息资源共享,从而大大降低企业收集采购和销售的信息成本以及交易成本。

第三节　中小企业信用管理

在此所讨论的信用主要指商业信用。中小企业的商业信用可以分为企业授予的信用和授予的信用:前者是企业以赊销的方式销售商品或服务,从而向购买者让渡短期内的资金使用权,在企业报表上形成了应收账款、应收票据等应收账项;后者则相反,它是指企业向其他企业以赊购的形式取得所需的商品或服务,从而获得资金使用权的让渡,在会计报表上形成了应付账款、应付票据等应付账项。信用管理与现金流量的管理是互相交织在一起的,尽管应收和应付款项意味着企业的资产和负债,但只要款项没有结算,中小企业的现金流量就不会发生变化。因此,信用管理在一定程度上决定了企业的净利润和现金流量之间的差异。良好的信用管理可以在不影响净利润的基础上增加企业在某一期间可以使用的现金流量。

一、中小企业应付账项管理

这里所要论述的应付账项是商业信用的一种形式,它是中小企业与其他企业之间以信用为基础所形成的借贷关系。应付账项包括应付账款、应付票据、预收货款等诸多应付而未付的款项。应付账项是一种重要的筹资方式,它为企业提供了短期的资金来源。应付账款与应付票据是企业使用_他企业的商品或劳务而形成的筹资来源,其后必须要以现金或商品偿付,两者的差额就是资金成本。在资金让渡使用权所依附的凭据方面,应付账款是一种没有正式法律凭据的赊账方式,而票据中则明确了具体的付款日期、付款金额、是否计息、开票人等相关内容,从而为双方的债权债务提供了严格的法律依据。而正是这种差别,应付票据比应付账款具有更高的流动性。预收货款是以承诺交付商品而预先取得的资金使用权。与银行信用相比,应付款项的融资方式是一种更古老的资金融通方式。早在银行和资本市场尚未出现之前，应付账项就已经扮演了企业融资的角色，即使资本市场高度发达的今天，应付账项仍然发挥着举足轻重的作用。对于现金流比较紧张的中小企业来说，通过应付账项融资是一种可供选择的融资渠道。

那么，应付账项的融资方式是否具有经济性呢？我们需要作进一步分析。但有一点可以肯定，应付账项的融资方式绝不是免费的，只是这种代价有时是隐性成本而已。商业信用总是在一定的信用条件下发生的。

企业在寻求商业信用融资前需要与其他来源的融资方式之间做出慎重的权衡。若企业有多家供应商可以选择，并且各家供应商都提出不同的付款条件，企业应根据供货质量、售后服务、公司资信、货物价格、生产能力、折扣条件等各方面的情况综合考虑，选取最合适的供应商进行采购。若除现金折扣不同外其他各种条件均一致，那么企业就应该根据现金折扣的期限和折扣比例选择合适的供应商。一般地，存在多家供应商时，企业需要承担的机会成本通常不能直接比较。企业可以最后的付款时间为准，计算实际支付金额的终值，终值最小的即是企业可以选择的供应商和付款时间。

二、中小企业应收账项投资筹划

应收账项是企业对其他单位或个人的货币、商品或劳务的追索权。它伴随着商业信用的授予而产生。这里主要以应收账款作为分析对象。企业的应收账款形成于商品赊销，这种方式至少可以给企业带来以下两个方面的收益：①增加销售，扩大市场份额。向客户提供商业信用，对客户而言，就相当于提供了一笔无息贷款，因此往往对客户有非常大的吸引力。企业在欲进入某个新市场或开拓现有市场时通常使用赊销的方式以期扩大销售额。②提高存货周转率。在企业的存货积压时，通过赊销方式可以加速存货的周转，降低存货的持有量。

然而，向客户提供商业信用以增加销售额和加快存货周转的同时，也可能给企业带来一系列成本的支出。

（1）机会成本。随着赊销规模的扩大，企业在应收账款上的投资也会相应增加，从而丧失了这部分占用资金可能投资于其他项目所能获取的收益。

（2）管理成本。即在应收账款回收期内，企业为维持和管理应收账款所发生的费用，主要包括顾客信用状况的调查费用、应收账款跟踪费用、收账费用，等等。

（3）坏账成本。应收账款作为一种债权，在没有附加抵押担保协议的条件下，这部分款项有可能由于客户破产、解散、财务状况恶化、不讲诚信等原因成为坏账而无法收回，如果这种投资规模过大，必然导致短期投资长期化，使企业资金周转困难，最终导致经营风险和财务风险的出现。

因此，企业须对应收账款及信用政策所增加的收益和成本之间作权衡，进行认真的分析和测算，从而从应收账款的管理过程中创造和保持企业价值。这个过程称为应收账款的投资筹划。

应付账款的投资筹划可以分为三个内容：一是投资规模管理和筹划；二是信用管理；三是应收账款的日常管理。

（一）投资规模管理与筹划

企业在对各个客户（代理商和分销商）分别授予商业信用前，还应该从总体上把握应收账款的规模和周转速度。应收账款的投资总规模取决于以下因素：

（1）企业经营状况，即经营规模的大小、资金周转状况、存货水平的高低。经营规模大、生产能力充裕、资金周转率高、成本变动小、原材料存货水平高的企业，规模可大一些，反之应小一些。

（2）产品营销策略，即根据企业产销的产品所处的产品寿命阶段、产品市场占有率水平、企业及产品的竞争能力等来确定企业营销策略。

（3）信用销售期限。应根据客户信用状况的好坏、企业短期融资能力的高低、企业所采用的应收账款回收手段和能力来合理确定所能提供给客户的信用销售期限的长短。

（4）已存在的应收票据和应收账款状况。企业应认真分析现有的应收账款账龄状况，已持有应收票据的变现能力和可回收的可能性，以及企业对可能形成的坏账的承受能力的大小，来确定未来企业发展需要投资总规模的大小，尽量避免信用风险。

（5）企业供应链风险大小。企业若与供货商的合作关系良好，供应链风险比较小，上游给予企业的信用政策比较宽松，那么企业可以适当提高总体的应收账款规模。

（6）客户（主要客户）所处行业。企业还可以根据行业评估的结果调整总体的信用投资规模。一般地，政府部门坏账的风险比较小；一些零售商大多是现货销售，可以降低它们的信用额度，甚至采用现货交易的方式。

（二）信用管理流程

企业信用管理主要有两个目的：一是最大限度地扩大销售，达到销售最优化；二是最大限度地控制风险，将坏账和逾期账款控制在企业可接受的范围内。在实际操作中，要同时达到这两个目标的最优状态是不可能的，企业需要在这两个目标中寻求平衡。平衡的结果体现了企业信用的管理风格。这种风格大体可以分为：保守型、温和型和开放型等三种类型。

通常的信用管理流程应包括以下三个主要部分：客户信息管理和信用分析，信用条件的制定和执行，应收账款管理和逾期账款追收。

1. 客户信息管理和信用分析

客户信息管理和信用分析是指及时收集、更新客户信息，建立评估客户信用等级的指标体系，并根据所收集的信息评价其信用等级。信用调查是个动态的过程，因为客户的信用是变化的。一般来讲，客户的信用变化会出现一些征兆，如付款日期开始经常变更，现金支付突然变成了票据支付等，这些征兆都可以成为重要的信用资料。此外，客户所处的行业评估以及销售方式也是一个值得关注的方面。如政府部门拖欠的可能性要相对小些；对于采用现货交易的零售商，可以适当降低信用额度，等等。企业单从内部的信用记录上推断一个客户的信用状况是不太可靠，还要借助外部更为专业和广泛的资源来交叉验证客户的信用问题，这样才能较为全面地了解一个客户的信用情况。

在企业对客户进行评级前，应首先建立信用标准，即衡量企业获得商业信用所应具备的基本条件。比较系统的信用标准可以参照西方商业银行对借款客户信用状况调查时所采用的"6C"系统衡量标准，即品德（Character）、能力（Capacty）、资本（Captal）、担保品（Collateral）、经营环境（condon）、事业的连续性（Continuously）等。

信用条件是公司在提供商业信用附加的条件，一般包括信用期限、折扣期限、折扣率等。信用期限是指企业允许延期付款的期限。公司设置信用期限时需考虑以下几个因素：

（1）购买者不会付款的概率。购买者若处于高风险的行业，公司或许应该提供相当苛刻的信用条件。

（2）金额大小。如果金额较小，信用期限则可相对短一些，小金额应收账款的管理费用较高，而且，小客户的相对重要性也低一些。

（3）商品是否易保存。如果存货的变现价值低，而且不能长时间保存，公司应提供比较有限的信用条件。

折扣期是指客户能够享受某一现金折扣的优惠期限。现金折扣通常可以提高应收账款的回收速度。需要指出的是，企业授予客户的信用条件并不是一成不变的。在信用管理实施的过程中，企业需要跟踪客户，并根据新信息灵活变动信用条件。

（三）应收账款管理和逾期账款追收

应收账款管理的基本原则是"前账不清、后账不立"。当代理商若有未按期支付的款项、超额款项的情况下，下一个交易记录不能处理。但是我国企业的应收账款净额始终居高不下，企业缺乏必要的应收账款管理力度。据国家统计局的统计结果显示，企业间的"三角债"规模在2000年年末已累积至1.2万亿元，其中超过3个月的拖欠已达0.8万亿元；截至2002年6月末，企业应收账款净额1.53万亿元，比上年同期增加3.5%，增幅比5月份提高了0.3个百分点。导致这种现状的原因是多方面的，如企业忽视信用管理的重要性、未能充分认识到信用展期的后果，企业的竞争力不足，对客户的依赖性过大，等等。

无论信用管理方法如何优秀，总是会产生不良账款。美国收账者协会统计，超过半年的账款回收成功率为57.8%，超过1年的账款回收成功率为26.6%，超过2年的账款只有13.6%可以收回。因此一旦出现欠款，企业应该马上追讨，必要时采用法律手段。收账往往需要付出必要的费用，收账费用与坏账损失之间存在着一定的关系。如何处理两者之间的关系是中小企业收账政策的主要内容。一般来说，坏账损失可以随着收账费用的增加而减少；但当收账费用过高时，又可能得不偿失。需要指出的是，收账还需要注意方法，应该根据客户的不同信用风险和重要性，采取不同的收账程序和方法。收账的效果如何还与中小企业在供应链上的谈判力大小有关。许多中小企业往往依赖于某个大企业而生存，因此经常处于不利的谈判地位。

（四）应收账款的日常管理

对于现有的应收账款，中小企业除了注意信用管理流程之外，还需要加强日常管理，使得企业在应收账款上的投资取得预期的效果。对此，中小企业应当注重对应收账款的监控。对此，中小企业应做好两个方面的工作：

（1）对现有的应收账款进行账龄分析，以及时掌握应收账款的全貌，为进一步决策提供依据。通过账龄分析，企业管理者通常可以估计坏账损失率。据此，可以找出现有信用政策的问题所在。

（2）控制应收账款的周转率。在其他条件不变的条件下，应收账款周转速度越快，现金的周转速度也越快。应收账款周转速度过慢，表明企业在应收账款上的投资效果不佳；应收账款周转速度太快，则可能意味着信用政策过于苛刻，其结果可能使得企业丧失客户，影响盈利。因此，中小企业的决策者应当将企业当前的应收账款周转率与目标值（如行业平均水平或者竞争对手的相关数据等）等进行横向比较，为加强应收账款的日常管理提供依据。

三、中小企业信用创造与管理

在某一时期，任何中小企业既有信用授予也有信用授予。如何对这两种信用进行日常的综合管理是中小企业财务管理中不可缺少的重要组成部分。对此，我们认为，中小企业应当建立有效的信用创造与管理体系，从而克服中小企业的信用缺乏和防范信用风险。具体地说，中小企业的信用创造与管理体系主要包括以下五个要素：

（一）中小企业自身信用政策制定

中小企业自身信用政策制定是指中小企业通过制定信用政策来规范企业行为、树立企业形象，以实现对企业的信用管理和创造。中小企业自身信用政策制定是中小企业的一种自觉行为，是对自身信用体系的自我认识。中小企业通过制定自己的信用政策，一方面对内部的企业行为进行信用规范，使企业内部员工之间建立起一种信用关系，这种信用关系在很大程度上能够改进企业中员工的人际关系，容易形成各种高质量的团队。同时，中小企业自身信用政策的推行能够促使企业向客户提供更好的服务，进而获取更多的客户。另一方面，中小企业自身信用政策制定从一定意义上以诚实、守信的原则约束了员工的行为，提高企业员工素质，使企业的外部形象明显地改善，进而企业的外部信誉和声誉就会逐渐树立起来。

（二）信用治理设计

信用治理是指企业建立起信用运行机制并通过该机制促进企业发展、化解企业风险的过程。信用治理是现代企业发展中的创新。随着经济市场化运作的不断深入，信用在企业管理中的地位越来越重要，信用治理也成为企业发展、创新的一条行之有效的途径。信用治理包括信用价值观的确立、信用治理的组织设计、信用战略的推进、信用风险防范对策、信用促进企业发展的途径与方法。信用价值观是信用治理设计的关键，它是确立信用治理的直接依据，也是企业管理中采取信用治理的理念，因而是否确立信用价值观，直接关系到信用治理是否成立。组织设计是信用治理的人员保证，是信用治理的执行机构和人员，信用治理能否推行下去以及推行到什么程度，取得什么样的结果，信用治理的组织构成和人员构成是至关重要的。信用战略推进是信用治理的核心，是企业中的有关人员（一般为信用治理组织人员如信用总监、信用经理、资深信用分析员等）将信用管理的价值观通过政策、制度等形式灌输到每个员工中，并影响他们工作作风及行为方式，从而使员工潜移默化地接受信用治理的理念。信用风险防范对策是信用治理的一个结果，当信用战略推进到一定程度，企业内外部就形成了一个信用网络，这个信用网络能够自觉地提供企业的风险预警，企业可以根据风险预警采取有针对性的措施，防范及化解企业风险。

（三）信用信息渠道策略选择

信用信息是指中小企业为了实现信用治理而收集的有关企业自身信用的信息。如何选择有效的信息传递渠道，关系到企业自身信息能否及时向各市场参与者传递，从而及时有效消除两者之间的信息不对称，提高企业和整个市场的效率，因而，信用信息传递的渠道至关重要，也是企业信用创造的关键环节。信用信息渠道有三个，即政府渠道、外部信用信息机构和内部渠道。政府渠道指从政府的工商、税务、法律等部门获取的有关本企业的信用信息，这种信息可靠性较大，但是成本也很高。外部信用信息机构一般是指商业信息评估、咨询公司对本企业信用状况进行评估，这种评估科学性一般较高，其评估信息是以公认的行业标准和道德规范进行的，从而能够对外部各相关利益者传递可置信的信息，容易被外部关系人所接受，但是这种信息评估成本过大。内部渠道是通过内部的销售人员和销售台账获取信用信息，销售人员反馈的信息可能带有主观因素，而销售台账往往有一些特殊因素在里面，因此这种信息获取渠道的可靠性相对减少。信用信息渠道并不是仅靠一种渠道，而是三种渠道综合运用，有机结合。

（四）信用风险要素分析

信用风险要素非常复杂，通过对影响企业信用管理的风险因素进行分析，可以从中找出影响企业信用创造的关键因素，从而确定信用创造的重点环节。信用风险要素可以从宏观、中观、微观、个体四个层面来分析。宏观层面上，影响一个企业信用风险要素有政治和法律要素、经济因素、社会和文化因素、技术因素。中观层面，企业所处的生命周期（导入期、成长期、成熟期、衰退期）和产业地位（垄断性行业、竞争性行业、过度竞争行业）会影响到信用行为。微观层面上，市场资源、财务资源、技术资源等在一定程度上可能会对企业的信用产生影响。个体层面，情景主义、主观主义、绝对主义等道德特性管理高层可能会对企业的信用行为带来影响。

（五）信用风险度量

信用意味着风险，信用风险伴随着信用活动的产生而产生。

信用作为人类的一种经济活动，有风险就必然有防范。风险防范是在对信用风险度量基础上进行的。信用度量是采用统计学上的一些方法对中小企业的信用风险进行量化的过程。信用度量将信用风险分解为商业风险（包括销售风险、经营风险、财务风险和行业风险）和借款者风险，通过对风险指数的分析，得到信用风险的量化指标。

信用风险度量方法主要有：评估与预测的方法，包括专家调查法、德尔菲法两类；专家意见的定量处理方法，包括主观概率法和记分法数学模型法等。

第七章　中小企业盈余分配管理

第一节　利润管理

一、利润的概念及其构成

利润，是指小企业在一定会计期间的经营成果，包括营业利润、利润总额和净利润。

营业利润，是指主营业务收入加上其他业务收入减去主营业务成本、主营业务税金及附加、其他业务支出、销售费用、财务费用、管理费用，加上投资收益（减去投资损失）后的金额。

利润总额，是指营业利润加上营业外收入，减去营业外支出后的金额。

小企业的营业外收入包括：非流动资产处置净收益、政府补助、捐赠收益、盘盈收益等。小企业的营业外支出包括：非流动资产处置损失、非常损失等。

净利润，是指利润总额减去所得税费用后的金额。

二、利润管理实务

（一）企业利润管理的动因分析

小企业管理当局对利润管理的动因可以从以下 4 个方面来分析。

（1）需求动因。对小企业经营者的经营业绩进行考核和评价时，绝大部分都是将考核的重点放在利润总额上。

（2）非对称信息的存在。两权分离的现代企业制度下，经营者总是比所有者对企业的经营状况更为熟悉；债权人相对于企业的所有者而言，对信息的知晓程度往往处于弱势；大股东相对于小股东会掌握更多的信息；政府一般而言难以获取企业的内部管理信息。信息不对称直接影响企业利润管理能力。

（3）会计人员的企业立场。在法规、准则许可的范围内，对影响利润的相关会计数据进行管理控制，是一项技术性较强的工作。

（4）会计准则的推动。

（二）利润管理的作用

利润管理的作用主要体现在以下几个方面。

（1）利润管理有利于更好地反映企业的经济效益。

（2）利润管理可为政策法规的制定提供借鉴和参考。

（3）利润管理可作为向外界传递有用信息的工具。

（4）利润管理有利于不断促进企业改变目标战略。

（三）目标利润管理

目标利润是确保公司经营需要、投资增长、股利分配的一个利润数额，是公司经营层面所达到的一个具体数额。围绕这个经营目标所开展的工作，都属于目标利润管理的范围。

目标利润管理包括几个环节：确定目标利润；测算为实现目标利润的具体收支计划；组织目标利润的实现。

1. 目标利润测算

利润预测的方法主要有：本量利分析法、相关比率法和因素测算法。

（1）本量利分析法

本量利分析法全称为"成本—业务量（生产量或销售量）—利润分析法"，也称损益平衡分析法，主要根据成本、业务量和利润三者之间的变化关系，分析某一因素的变化对其他因素的影响。可用于利润预测、成本和业务量预测，本量利分析法是以成本性态研究为基础的。成本性态是指成本总额对业务量的依存关系。成本按其成本性态可分为变动成本、固定成本、混合成本。

变动成本是指随业务量增长而成正比例增长的成本。

固定成本是指在一定的业务量范围内，不受业务量影响的成本。

混合成本介于变动成本和固定成本之间，是指随业务量的增长而增长，但不成正比例增长的成本，可将其分解成变动成本和固定成本两部分。

③本量利图

将成本、销量、利润的关系反映在直角坐标系中，即成为本量利图，因其能清晰地显示企业不盈利也不亏损时应达到的产销量。用图示表达本量利的相互关系，不仅形象直观、一目了然，而且容易理解。

（2）相关比率法

相关比率法是根据利润和有关指标之间的内在关系，对计划期间的利润进行预测的一种方法。常用的相关比率主要有销售收入利润率、资金利润率等。

利润＝预计销售收入 × 销售收入利润率

利润＝预计平均资金占用额 × 资金利润率

（3）因素测算法

因素测算法是在基期利润水平的基础上，根据计划期间影响利润变化的各项因素，预测出企业计划期间的利润额。以本量利分析法的基本原理为基础。影响利润的主要因素有销售量、销售价格、变动成本、固定成本总额、所得税税率等。

计划期利润＝基期利润 ± 计划期各种因素的变动而增加或减少的利润

2. 目标利润决策

对预测的目标利润进行全面的审查和评价，以判定企业预测的利润指标是否先进可靠，对预测的目标利润和实现目标利润的措施作必要调整和补充，最后定出企业的目标利润和实现目标利润的措施方案。

（1）目标利润决策的程序

①收集整理信息资料；

②审定决策目标和可行性方案；

③目标利润的实施和反馈。

（2）目标利润的决策方法

①比较决策法。在初步预测的利润总额的基础上，计算出几种主要的利润率指标，将这些利润率和同行业的中位水平或平均先进水平进行比较，判明企业利润总额指标的先进程度。

②综合平衡决策法。根据企业营业收入、营业成本和利润之间的相互关系进行决策的一种决策方法。在进行利润预测的过程中，已经拟定了各项增产节约措施，在决策过程中，企业的决策层在分析原定措施的基础上，可进一步提出实现目标利润的方案。

（3）实现目标利润措施方案的决策

①增产增销，实现目标利润；

②实行技术革新，降低变动费用，实现目标利润；

③降低固定成本，实现目标利润；

④调整产品结构，实现目标利润。

3. 目标利润分析

确定及分解利润目标到各部门后，需要健全分析反馈制度，加强了部门协同运行能力。计划部门是龙头，生产部门是创效的主力军，销售部门是市场和销售收入实现的前沿阵地，而财务部门则是利润、成本费用等价值管理的中心，任何一个环节出现问题都可能导致目标无法实现，因此需要各部门科学地协调运行，形成一个信息快速反馈系统。

4. 目标利润控制

公司按照"横向到边、纵向到底"的原则，完善模拟市场目标利润责任制的指标体系和考核体系，加大成本和费用考核力度，不断挖掘可控费用的潜力。

第二节　利润分配管理

企业年度决算后实现的利润总额，要在国家、企业的所有者和企业之间进行分配。利润分配关系着国家、企业、职工及所有者各方面的利益，是一项政策性较强的工作，必须严格按照国家的法规和制度执行。

一、利润分配基本原则

（一）依法分配原则

企业的收益分配必须依法进行。为了规范企业的收益分配行为，维护各利益相关者的合法权益，国家颁布了相关法规。

（二）分配和积累并重原则

企业通过经营活动赚取收益，既要保证企业简单再生产的持续进行，又要不断积累企业扩大再生产的财力基础。恰当处理分配和积累之间的关系，留存一部分净收益以供未来分配之需，能够增强企业抵抗风险的能力，同时，也可以提高企业经营的稳定性和安全性。

（三）兼顾各方利益原则

企业的收益分配必须兼顾各方面的利益。企业是经济社会的基本单元，企业的收益分配涉及国家、企业股东、债权人、职工等多方面的利益。

（四）投资和收益对等原则

企业进行收益分配应当体现"谁投资谁受益"、收益大小和投资比例相对等的原则。

二、利润分配的一般程序

利润分配程序是指公司制企业根据适用法律、法规或规定，对企业一定期间实现的净利润进行分派必须经过的先后步骤。

根据我国《公司法》等有关规定，企业当年实现的利润总额应按国家有关税法的规定作相应的调整，然后依法交纳所得税。交纳所得税后的净利润按下列顺序进行分配。

1. 弥补以前年度的亏损

按我国财务和税务制度的规定，企业的年度亏损，可以由下一年度的税前利润弥补，下一年度税前利润尚不足于弥补的，可以由以后年度的利润继续弥补，但用税前利润弥补以前年度亏损的连续期限不超过 5 年。5 年内弥补不足的，用本年税后利润弥补。本年净利润加上年初未分配利润为企业可供分配的利润，只有可供分配的利润大于零时，企业才能进行后续分配。

2. 提取法定盈余公积金

根据《公司法》的规定，法定盈余公积金的提取比例为当年税后利润（弥补亏损后）的 10%。当法定盈余公积金已达到注册资本的 50% 时可不再提取。法定盈余公积金可用于弥补亏损、扩大公司生产经营或转增资本，但公司用盈余公积金转增资本后，法定盈余公积金的余额不得低于转增前公司注册资本的 25%。

3. 提取任意盈余公积

根据《公司法》的规定，公司从税后利润中提取法定公积金后，经股东会或者股东大会决议，还可以从税后利润中提取任意公积金。

4. 向投资者分配利润

根据《公司法》的规定，公司弥补亏损和提取公积金后所余税后利润，可以向股东（投资者）分配股利（利润），其中有限责任公司股东按照实缴的出资比例分取红利，全体股东约定不按照出资比例分取红利的除外；股份有限公司按照股东持有的股份比例分配，但股份有限公司章程规定不按持股比例分配的除外。

根据《公司法》的规定，在公司弥补亏损和提取法定公积金之前向股东分配利润的，股东必须将违反规定分配的利润退还公司。

三、利润分配制约因素

企业的利润分配涉及企业相关各方的切身利益，受众多不确定因素的影响，在确定分配政策时，应当考虑各种相关因素的影响，主要包括法律、公司、股东及其他因素：

（一）法律因素

为了保护债权人和股东的利益，法律法规就公司的利润分配做出了如下规定：

（1）资本保全约束。

（2）资本积累约束。

（3）超额累积利润约束。

（4）偿债能力约束。

（二）公司因素

公司基于短期经营和长期发展的考虑，在确定利润分配政策时，需要关注以下因素：

（1）现金流量。由于会计规范的要求和核算方法的选择，公司盈余和现金流量并非完全同步，净收益的增加不一定意味着可供分配的现金流量的增加。公司在进行利润分配时，要保证正常的经营活动对现金的需求，以维持资金的正常周转，使生产经营得以有序进行。

（2）资产的流动性。企业现金股利的支付会减少其现金持有量，降低资产的流动性，而保持一定的资产流动性是企业正常运转的必备条件。

（3）盈余的稳定性。一般来讲，公司的盈余越稳定，其股利支付水平也就越高。

（4）投资机会。

（5）筹资因素。

（6）其他因素。

（三）股东因素

股东在控制权、收入和税赋方面的考虑也会对公司的利润分配政策产生影响。

（1）控制权。

（2）稳定的收入。

（3）避税。

（四）其他因素

（1）债务契约。

（2）通货膨胀。在通货膨胀时期，企业一般会采取偏紧的利润分配政策。

四、股利政策

1. 剩余股利政策

剩余股利政策是指公司在有良好的投资机会时，根据目标资本结构，测算出投资所需的权益资本额，先从盈余中留用，然后将剩余的盈余作为股利来分配，即净利润首先满足公司的资金需求，如果还有剩余，就派发股利；如果没有，则不派发股利。

剩余股利政策的优点是：留存收益优先保证再投资的需要，有助于降低再投资的资金成本，保持最佳的资本结构，实现企业价值的长期最大化。

剩余股利政策的缺陷是：若完全遵照执行剩余股利政策，股利发放额就会每年随着投资机会和盈利水平的波动而波动。

2. 固定或稳定增长的股利政策

固定或稳定增长的股利政策是指公司将每年派发的股利额固定在某一特定水平或是在此基础上维持某一固定比率逐年稳定增长。公司只有在确信未来盈余不会发生逆转时才会宣布实施固定或稳定增长的股利政策。

固定或稳定增长股利政策的优点有：由于股利政策本身的信息含量，稳定的股利向市场传递着公司正常发展的信息，有利于树立公司的良好形象，增强投资者对公司的信心，稳定股票的价格；稳定的股利额有助于投资者安排股利收入和支出，有利于吸引那些打算进行长期投资并对股利有很高依赖性的股东；稳定的股利政策可能会不符合剩余股利理论，但考虑到股票市场会受多种因素影响（包括股东的心理状态和其他要求），为了将股利维持在稳定的水平上，即使推迟某些投资方案或暂时偏离目标资本结构，也可能比降低股利或股利增长率更为有利。

固定或稳定增长股利政策的缺点：股利的支付和企业的盈利相脱节，即不论公司盈利多少，均要支付固定的或按固定比率增长的股利，这可能会导致企业资金紧缺，财务状况恶化。此外，在企业无利可分的情况下，若依然实施固定或稳定增长的股利政策，也是违反《公司法》的行为。

因此，采用固定或稳定增长的股利政策，要求公司对未来的盈利和支付能力能作出准确的判断。一般来说，公司确定的固定股利额不宜太高，以免陷入无力支付的被动局面。固定或稳定增长的股利政策通常适用于经营比较稳定或正处于成长期的企业，且很难被长期采用。

3. 固定股利支付率政策

固定股利支付政策是指公司将每年净利润的某一固定百分比作为股利分派给股东。这一百分比通常称为股利支付率，股利支付率一经确定，一般不得随意变更。在这一股利政策下，只要公司的税后利润一经计算确定，所派发的股利也就相应确定了。固定股利支付率越高，公司留存的净利润越少。

固定股利支付率的优点：采用固定股利支付率政策，股利和公司盈余紧密地配合，体现了"多盈多分、少盈少分、无盈不分"的股利分配原则；由于公司的获利能力在年度间是经常变动的，因此，每年的股利也应当随着公司收益的变动而变动。采用固定股利支付率政策，公司每年按固定的比例从税后利润中支付现金股利，从企业的支付能力的角度看，这是一种稳定的股利政策。

固定股利支付率的缺点：大多数公司每年的收益很难保持稳定不变，导致年度间的股利额波动较大，由于股利的信号传递作用，波动的股利很容易给投资者带来经营状况不稳定、投资风险较大的不良印象，成为公司的不利因素；容易使公司面临较大的财务压力。这是因为公司实现的盈利多，并不能代表公司有足够的现金流用来支付较多的股利额；合适的固定股利支付率的确定难度比较大。

由于公司每年面临的投资机会、筹资渠道都不同，而这些都可以影响到公司的股利分派，所以，一成不变地奉行固定股利支付率政策的公司在实际中并不多见，固定股利支付率政策只是比较适用于那些处于稳定发展且财务状况也较稳定的公司。

4. 低正常股利加额外股利政策

低正常股利加额外股利政策，是指公司事先设定一个较低的正常股利额，每年除了按正常股利额向股东发放股利外，还在公司盈余较多、资金较为充裕的年份向股东发放额外股利。但是，额外股利并不固定化，不意味着公司永久地提高了股利支付率。

低正常股利加额外股利政策的优点：赋予公司较大的灵活性，使公司在股利发放上留有余地，并具有较大的财务弹性。公司可根据每年的具体情况，选择不同的股利发放水平，以稳定和提高股价，进而实现公司价值的最大化；使那些依靠股利度日的股东每年至少可以得到虽然较低但比较稳定的股利收入，从而吸引住这部分股东。

低正常股利加额外股利政策的缺点：由于年份之间公司盈利的波动使得额外股利不断变化，造成分派的股利不同，容易给投资者收益不稳定的感觉；当公司在较长时间持续发放额外股利后，可能会被股东误认为"正常股利"，一旦取消，传递出的信号可能会使股东认为这是公司财务状况恶化的表现，进而导致股价下跌。

第三节　利润及利润分配会计

利润，是指小企业在一定会计期间的经营成果，包括营业利润、利润总额和净利润。利润相关计算公式如下：

营业利润＝主营业务收入＋其他业务收入－主营业务成本－主营业务税金及附加－销售费用－管理费用－财务费用＋投资收益

利润总额＝营业利润＋营业外收入－营业外支出

净利润＝利润总额－所得税费用

一、营业外收入

1. 营业外收入的核算内容

小企业的营业外收入包括：非流动资产处置净收益、政府补助、捐赠收益、盘盈收益等。

小企业发生的存货毁损，应当按照处置收入、可收回的责任人赔偿和保险赔款，扣除其成本、相关税费后的净额，计入营业外收入或营业外支出。

其中：非流动资产处置净收益包括固定资产处置净收益和无形资产出售净收益。固定资产处置净收益，指企业出售固定资产所取得价款或报废固定资产的材料价值和变价收入等，扣除处置固定资产的账面价值、清理费用、处置相关税费后的净收益；无形资产出售净收益，指企业出售无形资产所取得的价款，扣除无形资产的账面价值、出售相关税费后的净收益。

捐赠收益，指企业接受捐赠产生的收益。

2. 营业外收入的会计处理

企业应通过"营业外收入"科目，核算营业外收入的取得及结转情况。该科目贷方登记企业确认的各项营业外收入，借方登记期末结转入本年利润的营业外收入。结转后该科目应无余额。该科目应按照营业外收入的项目进行明细核算。

企业确认营业外收入，借记"固定资产清理"、"银行存款"、"待处理财产损溢"等科目，贷记"营业外收入"科目。期末，应将"营业外收入"科目余额转入"本年利润"科目，借记"营业外收入"科目，贷记"本年利润"科目。

二、营业外支出

1. 营业外支出的核算内容

营业外支出科目核算小企业发生的各项营业外支出，主要包括处置非流动资产损失、公益性捐赠支出等。

其中，非流动资产处置损失包括固定资产处置损失和无形资产出售损失。固定资产处置损失，指企业出售固定资产所取得价款或报废固定资产的材料价值和变价收入等，不足以抵补处置固定资产的账面价值、清理费用、处置相关税费所发生的净损失；无形资产出售损失，指企业出售无形资产所取得价款，不足以抵补出售无形资产的账面价值、出售相关税费后所发生的净损失。

公益性捐赠支出，指企业对外进行公益性捐赠发生的支出。

非常损失，指企业对于因客观因素（如自然灾害等）造成的损失，在扣除保险公司赔偿后应计入营业外支出的净损失。

2.营业外支出的会计处理

企业发生营业外支出时，借记"营业外支出"科目，贷记"固定资产清理"、"待处理财产损溢"、"库存现金"、"银行存款"等科目。期末，应将"营业外支出"科目余额结转入"本年利润"科目，借记"本年利润"科目，贷记"营业外支出"科目。

三、所得税费用

小企业应当按照税法规定计算的当期应缴纳给税务机关的所得税金额，确认所得税费用。

小企业应当在利润总额的基础上，按照税法规定进行适当纳税调整，计算出当期应纳税所得额，按照应纳税所得额和适用所得税税率计算确定当期应交所得税金额。

四、本年利润

企业应设置"本年利润"科目，核算企业当期实现的净利润（或发生的净亏损）。

月度终了结转利润时，小企业可以将"主营业务收入"、"其他业务收入"、"营业外收入"科目的余额，转入"本年利润"，借记"主营业务收入"、"其他业务收入"、"营业外收入"科目，贷记"本年利润"；将"主营业务成本"、"主营业务税金及附加"、"其他业务支出"、"销售费用"、"财务费用"、"管理费用"、"营业外支出"科目的余额，转入"本年利润"，借记"本年利润"，贷记"主营业务成本"、"主营业务税金及附加"、"其他业务支出"、"销售费用"、"财务费用"、"管理费用"、"营业外支出"科目。将"投资收益"科目的贷方余额，转入"本年利润"，借记"投资收益"科目，贷记"本年利润"；如为借方余额，做相反的会计分录。

结转后"本年利润"的贷方余额为当期实现的净利润；借方余额为当期发生的净亏损。

年度终了，应当将本年收入和支出相抵后结出的本年实现的净利润，转入"利润分配"科目，借记"本年利润"，贷记"利润分配——未分配利润"科目；如为净亏损，做相反的会计分录。

结转后"本年利润"应无余额。

五、利润分配

1. 未分配利润的核算

企业应通过"利润分配"科目，核算企业利润的分配（或亏损的弥补）和历年分配（或弥补）后的未分配利润（或未弥补亏损）。该科目应分别通过"提取法定盈余公积"、"提取任意盈余公积"、"应付利润"、"盈余公积补亏"、"未分配利润"等进行明细核算。企业未分配利润通过"利润分配——未分配利润"明细科目进行核算。年度终了，企业应将全年实现的净利润或发生的净亏损，自"本年利润"科目转入"利润分配——未分配利润"科目，并将"利润分配"科目所属其他明细科目的余额转入"未分配利润"明细科目。结转后，"利润分配——未分配利润"科目如为贷方余额，表示累积未分配的利润数额；如为借方余额，则表示累积未弥补的亏损数额。

2. 盈余公积的处理

（1）提取盈余公积

小企业（公司制）按照法律规定提取盈余公积，借记"利润分配——提取法定盈余公积、提取任意盈余公积"科目，贷记"盈余公积（法定盈余公积、任意盈余公积）"。

小企业（外商投资）按照规定提取的储备基金、企业发展基金、职工奖励及福利基金，借记"利润分配——提取储备基金、提取企业发展基金、提取职工奖励及福利基金"科目，贷记"盈余公积（储备基金、企业发展基金）"、"应付职工薪酬"科目。

（2）盈余公积弥补亏损或转增资本

经股东大会或类似机构决议，用盈余公积弥补亏损或转增资本，借记"盈余公积"，贷记"利润分配——盈余公积补亏"、"实收资本"或"股本"科目。

（3）合作期间归还投资者的投资

小企业（中外合作经营）根据合同规定在合作期间归还投资者的投资，应按实际归还投资的金额，借记"实收资本——已归还投资"科目，贷记"银行存款"等科目；同时，借记"利润分配——利润归还投资"科目，贷记"盈余公积（利润归还投资）"。

第八章 中小企业税收筹划管理

近些年来，在我国相关政策的扶持下，中小企业的发展十分迅速，并且已经成为市场中一个重要的主体，中小企业对于我国经济的发展有着至关重要的意义。而对于中小企业税收筹划方式加以调整，能够有效地减轻中小企业的经济负担，更好地保证中小企业的经济效益。中小企业作为我国社会主义市场经济的重要组成部分，对国家的税收做出了巨大的贡献。中小企业面临着严峻的市场环境，需要做好税收筹划，在法律允许的范围内把纳税金额降到最低，提高自身的税后经济效益。中小企业的税收筹划不仅可以促进企业自身的发展，同时也有利于我国社会主义市场经济的发展。前言税收筹划的主要含义是企业进行财务管理时，在坚持国家税收政策和法律法规的基础上，为了实现企业生产效益和经济利益的最大化，需要对企业的投资、经营和生产活动，从而达到企业税款节约的目的，实现企业税后效益的增多。税收筹划本身与偷税和漏税存在着根本上的区别，是凭借法律获得的企业正当权利，对企业所有的财务活动进行的规划，是企业合法的事业性筹划，可以使企业在生产和经营过程中降低纳税成本，提高税后利润收益，有效凭借税收政策中的经济条款的使用，为企业争取额外的税收收益；同时企业还可以通过税收筹划对国家各项法规进行分析，有利于企业了解国家的法律，同时制定出具体的针对对策。

第一节 中小企业税收筹划概述

一、税收筹划的含义

国内外的税收筹划研究学者对税收筹划的含义进行了不同角度和不同侧重点的解释，我国的众多学者也从不同的角度和侧重点对税收筹划进行了定义，但是总体上来看，大部分的学者认为税收筹划需要符合国家的法律法规和规章制度，或者而言是不违反现有的税收法律规定。企业税收筹划的目前十分明确，缴纳最少的税收，尽量降低企业的税收负担，实现企业最大的税后利润。总之税收筹划的含义是企业遵循国家税收法律的规定和政府的要求，为了实现节税，对企业的生产经营、投资和财务活动进行提前规划和安排。企业的整个筹划从形式以至内容都是合法的。

二、税收筹划的原则

1. 依法性原则

中小企业在进行税收筹划时需要遵守国家法律和相关的政策，只有在这个前提下，可以保证税收筹划的方案被国家税务部门所认可和接受，否则会受到相关部门的处罚。中小企业与国家税务部分是征纳关系，税收法律是衡量双方行为的共同法则，中小企业作为纳税的义务人，进行税收筹划时必须承担相应的法律责任。

2. 服从于财务管理目标原则

在企业进行财务管理时，税收筹划作为其管理的一个子系统，筹划时需要根据财务管理的总目标实施。企业税收筹划的主要目的是降低企业的税收负担，但是税收负担并不一定会降低企业的经营成本和提高企业的经济效益。所以企业进行税收筹划时，需要考虑企业财务管理的总目标，才能达到通过税收筹划降低企业税负的目的。

3. 综合性原则

中小企业进行税收筹划时，需要立足于企业所以税负的减轻，而不是只是关注某个税种税负的减轻，因为企业各个税种之前都是互相关联的；此外企业进行税收筹划时，不是对企业的税负进行简单的比较，而且还需要对资金的时间价值进行考虑。

4. 事先筹划原则

中小企业需要认识到税收筹划是一种经济规则，需要有长期的计划和周密实施。在企业的经济活动中，纳税人的纳税义务存在一定的滞后性，这种特点在客观角度提供给纳税人对税负进行提前规划的可能性。企业在事前对税收进行筹划，应该从企业经营、投资、理财等进行提前计划和实施。因此企业需要尽量减少应税行为的出现，以此降低企业的税收负担。如果企业在经营、投资、理财等活动完成后，进行税收筹划，那么唯一的方法就是偷税、漏税以及欠税等违法行为，不可能进行事后的税收筹划。

第二节　税收筹划的重要意义

一、完善财务管理制度

税务管理作为企业财务管理的重要组成部分，两者之间相辅相成，共同促进，中小企业良好的财务管理可以提高税务管理水平，良好的税务管理有助于企业实现财务管理的目标。我国中小企业呈现着所有权与经营权高度统一的特点，企业的集权现象严重，财务控制与管理方面相对薄弱，而且中小企业不需要对外公开自身的财务状况和财务信息，所以很难建议现代企业财务管理制度，无法建立专业的财务管理制度和税收管理制度。因此需要在客观上对中小企业的会计进行核算，对企业各个关节的财务工作进行管理，不断提高企业财务工作人员在会计、税收等方面的专业水平，以此完成中小企业财务管理制度。

二、有利于防范和降低涉税风险

中小企业实现正确有效的税收筹划，需要全面了解与熟悉国家税收法律法规和相关政策，企业进行税收筹划的过程和结果都需要在法律允许的基础上进行。中小企业在实施税收筹划和寻找最佳的纳税方法时，企业也是学习国家税法、研究国家税法、理解国家税法并且正确灵活运用的过程。中小企业通过对税法的详细了解和学者，可以提高自身纳税自查的能力，在税收缴纳之前实施全面的检查，清除企业在纳税方面存在的隐患。企业在掌握和了解纳税技巧，可以完善自身纳税方案的设计，从而通过合法的税收筹划为企业获得更多的经济效益，也降低了企业违反法律的风险。

三、有利于中小企业获得直接经济利益

因为国家的税收具有强制性、由于税收具有强制性、无偿性和固定性的特点，所以税收企业无法避免的一项经营成本，必定会使企业自身利润降低，税收与利润之前呈现此增比长的关系。中小企业通过税收筹划，可以在坚持国家法律的基础上减少纳税金额或者不纳税，增加企业的直接经济利益。对于我国中小企业来说，因为企业的融资能力有限，流动资金不足，使我国很多中小企业经常出现现金短缺、资金链断裂、融资难的问题，所以企业通过税收筹划获得的经济利益就更加重要。

第三节　我国中小企业税收筹划的一般方法

一、中小企业组织形式选择的税收筹划

中小企业中的有限责任公司和合伙企业的税收筹划。合伙企业与有限责任公司的税收待遇是不同的，合伙企业不需要缴纳企业所得税，需要投资者个人缴纳个人所得税，有限责任公司不仅需要缴纳企业所得税，而且股东还需要缴纳个税。因此企业进行税收筹划时，需要根据自身的情况，选择最适合的企业注册类型。虽然合伙企业不需要缴纳企业所得税，具有这一优势，但是还是需要根据合伙人与股东、有限责任公司所承担的税负进行比较，从出资人数、财务预算、预计利润等角度选择最有利于企业自身的组织形式。

有限责任公司和合伙企业的税收筹划。企业投资最后注重的是经济收益，因为目前国家税法对这两种企业的纳税征收标准不同，所以企业的税后利润也是不同。其中流转税的征缴是相同的，但是二者在所得税的缴纳上存在较大区别。

个人独资企业与一人有限责任公司。如果个人投资经营企业，可以把个人独资企业分为合伙企业，这样可以减少税负。根据国家规定，个人独资企业与合伙企业的经济所得都是缴纳个人所得税，个人独资企业以全部的经营收入为纳税所得，合伙企业根据全部经营所得和合伙分配的比例缴纳应税所得额。

二、中小企业融资中的税收筹划

1. 中小企业融资结构税收筹划。

我国中小企业可以使用股权性融资、债券性融资、企业保留盈余三种方式，还包括融资租赁以及政府基金等。在企业的资本中，负债和资本金的融资方式是存在区别的，权益资本需要定期支付股息，可以在所得税前进行扣除，事实上可以为企业增加额外的收益；反之负债会导致企业资本家风险的增加，而且还会降低企业的经济收益。如果企业的投资者和债权人很可能提高资金报酬率，获得补偿，导致企业的资金成本提高，抵消纳税减少带来的收入。

2. 中小企业融资利息税收筹划。

中小企业融资利息进行税收筹划，首先根据财务制度来看，企业用于筹资的利息支出，在筹建期间产生的，从企业投产经营算起，按照不少于五年的期限进度费用的分摊，计入财务费用中；其次中小企业进行银行贷款时，尽力办理贷款的展期业务；最后借贷双方最好一次性签好借款合同，以减少不必要的印花税。

3. 中小企业融资租赁税收筹划。

融资租赁的出现为我国中小企业实现设备更新和生产的扩大提高了条件，简单快速而且减少了融资机构承担的风险。融资租赁方式可以减轻因为设备更新带来的资金压力，企业不需要一次性支付很多现金，可以在设备的使用期限内进行分期偿还，避免企业出现资金周转困难的问题。融资租赁作为一种特殊的融资方式，如果中小企业做好税收筹划，有利于降低其经济负担。

三、中小企业会计核算中的税收筹划

中小企业会计核算中的税收筹划主要从以下几个方面进行：

1. 存货计价方法。

我国企业所得税缴纳实现比例税率，在这种模式下，物价下跌可以使用先进先出法，提高本期发出存货成本，适当减少当期的收益，以减轻所得税税负；物价上涨时，可以使用加权平均法进行计价，可以避免因为销货成本的变化对企业各期利润产生影响，同时也可以减少资金安排的难度。

2. 固定资产折旧方法和折旧年限的选择。

目前企业可以选择直线法和加速折旧法对固定资产进行折旧计算，两种方法总折旧额一致，但是不同时期提取的折旧额存在差别，进而对企业各期成本费用和企业所得税税额产生影响，所以企业可以根据固定资产和自身的情况，选择最合适的折旧计算方法，以实现税收筹划。

四、中小企业投资中的税收筹划

1. 投资行业的税收筹划。

由于国家地区和行业发展的不平衡，国家在行业和产业的投入也是不均衡的，因此中小企业需要对国家的方针政策进行及时的解读，进行投资时权衡利弊，投资那些国家大力提倡和鼓励发展的产业，同时在国家鼓励的行业建立新兴企业，享受税法给予的节税权利。

2. 投资方式的税收筹划。中小企业选择投资方式时，主要有无形资产投资和有形资产投资，有形资产可以把折旧费和摊销费进行税前扣减，以实现削减税基的目的；而且资产还会出现高估价值的可能性，这样可以节省成本，同时累计折旧和摊销费用的增加，还减少所得税税基。

五、中小企业日常经营管理中的税收筹划

中小企业日常经营管理中的税收筹划主要从以下三个方面入手：

一、采购管理。我国的中小企业大部分都属于小规模纳税人，进行商品采购时，可以向税务机关申请代开专用发票，而且小规模纳税人经营方式灵活，在一定程度上不会影响、甚至减轻购货方的增值税负担。此外进行结算时，最好使用赊购或者分期付款的方式，尽量减少现金的直接支付。

二、销售管理。在中小企业的营销活动中，总体来看折扣销售方式要由于销售折扣方式，尽量避免出现代销的经济行为。

三、薪酬管理。薪酬作为企业必须给员工发放的费用，需要尽量避免出现不经济与不合理的支付，实现经济支出与收益的最优组合。企业在薪酬发放时，可以把季度奖、年度奖等分发到员工每个月的奖金当中，这样可以增加员工的实际收入，而且达到激励员工的目的。

第四节　存在的问题及对策

一、税收筹划存在的问题

（一）缺乏对税收筹划的正确认识

首先，企业缺乏对税收筹划的正确认识，由于我国税收筹划起步较晚，很多企业对税收筹划的意义并没有足够的认识，将其视作偷税、漏税。其次，很多企业对税收筹划的目的也不够明确，税收筹划并非是少缴税，而是使税收负担得到降低，然而在选择税收筹划方案时，最低的缴税并不代表是企业最优的方案。在税收筹划中，必须以企业价值最大化的财务管理为目标，如此才有利于实现企业发展战略。最后，目前关于税收筹划的理论研究也存在不足，进而影响到我国税收筹划的广泛开展。

（二）税收筹划人才匮乏

目前，我国中小企业的税收筹划从业人员的综合素质普遍不高，大部分属于财务人员，知识面并不够广泛。而税收筹划工作对从业人员的知识水平有着较高的要求，不仅需要在财务知识方面具有一定水平，同时对相关税法、法律与管理等方面的知识有所理解，然而我国这一方面显然存在人才匮乏问题。基于这一背景，企业税收筹划水平并不高，在范围上相对较窄，能以考虑全局，对于企业长远发展有着不利影响。

（三）企业税收筹划水平有待提升

从深度上来讲，企业税收筹划具体可以分为初级筹划、中级筹划以及高级筹划。其中初级筹划是以对额外税负的规避为立足点；中级筹划则需要对相关方案的税负差异进行全方位的考虑与分析，以此来选择最优的经营决策；高级筹划则是指对相关措施加以利用，例如呼吁、申诉、反映等，对涉及自身利益的税收政策进行争取。就现阶段我国中小企业税收筹划水平来看，大部分企业的水平依然有待提升。

二、税收筹划的完善对策

（一）做好税收筹划的基础工作

中小企业做好税收筹划的基础工作，首先需要优化财务管理工作，规避涉税风险。建议健全企业的会计账簿，按照法律规定做好各项折旧和费用，按照税法可以享受优惠的项目，一定要在期限内提出，避免超出期限无法享受优惠；其次还需要做好纳税管理工作，规避税收惩罚。税收惩罚作为企业的额外支出，应该尽量避免。

中小企业需要严格遵守国家的法律与法规，严格按照税法的要求执行，定期进行税务登记和企业信息，尤其是避免出现偷漏税行为的发生，一旦出现上述违法行为，不仅会使企业受到经济利益的损失，而且还会对企业的信誉造成影响；最后建立良好税企关系。首先中小企业需要认识到在税收征纳中的关系，企业作为被管理的对象，应该服从纳税机关的管理，积极配合纳税工作；其次加强与税务部门的沟通，增进交流，熟悉纳税的工作流程和注意事项；最后还需要坚持依法纳税，对于征税部门不正常的行为要学会拒绝，既要维护企业自身的合法利益，同时也不能损害国家和集体的权益。

（二）树立税收筹划理念，从整体上进行筹划

我国的中小企业需要树立税收筹划理念，从整体上进行税收筹划，不能盲目追求应纳税额的降低，而忽视税收筹划为导致的经济后果。在进行税收的实际筹划时，部分筹划计划的效果真正实施起来存在一定的问题。所以中小企业需要综合考虑各方面的影响，树立正确的税收筹划理念。

（三）加快建设税收筹划代理体系

中小企业税收筹划的快速发展与完善，离不开国家、政府和中小企业自身的努力，同时还需要社会的相关中介结构的帮助，缺少社会化的服务体系，中小企业的税收筹划很难健康地发展起来。加快建设税收筹划代理体系，首先需要学习国外先进的税收筹划代理方式，使其促进税收筹划代理体系的建设；其次还需要把税收代理引入法制化的管理渠道，使其在法律的管理下健康发展；再次做好税收筹划代理机构自身综合能力的增强，提高我国社会税收筹划代理机构自身的强化，提高其综合素质；最后树立社会税收筹划代理风险意识。

（四）强化中小企业风险防范意识

不属于城投类的企业被定义为一般企业。因此，在投资者对相关采取信息有了最直接、最有效的了解之后，就可以根据客观世界中存在的会计信息进行债券定价，各种信息的财务报表和财务统计都会对投资者是否会选择该公司产生一定的影响，会计信息涉及年度、季度、月度等各个时间段。所以相关会计人员要遵循客观实际的财务信息的前提下，认真做好财务分析和财务报表，展现最大优势在债券交易市场中，确保投资者能够顺利选择企业进行债券交易。反之，如果企业的发行定价较高，也就是债权人的偿还能力较高，或者是公司的盈利能力强，则证明债券销售相对成功。以上行为都是债券发行所属企业的一种金融降低融资成本的有效体现，但是是否能够融资成功，其关键性因素都在于企业本身的一些相关属性。

对企业债券定价的建议从我国以往的债券交易历史来看，目前，我国公司债券在金融市场中的占有量仍然不能够满足以大幅速度增长的经济融资需求。一方面由于我国债券融资中公司企业融资占有的比例相比国外发达国家的成熟融资市场依然有差距，这种现象也是由于我国债券市场的起步较晚，造成了没有相关可借鉴经验，导致债券市场的发展存在严重的滞后，破坏了市场的完整性，因此在往后的经济建设中，要制定严格的会计信息审

核制度，确保市场债券定价、风险管理等功能的健全。另一方面，还要加强法制建设，对一些不依法进行债券交易的公司或者个人投资者要进行严厉的处罚，以期为我国债券交易市场营造一个健康、绿色的交易环境。与此同时，还要提高会计人员的专业知识水平，使得财务报表与财务信息能够在市场中充分发挥有效的利用，要认真分析城投类债券交易和非城投类交易之间的区别，监控好各种类型下的债券交易制度，提高投资者和监管者对债券交易健康发展的重要性。对不同的市场、不同债券定价差异进行理性判断，并将会计信息中从财务扩展到非财务信息进行更加深入的研究，促进我国债券交易的发展进程。

　　基于市场特征下，通过研究会计信息对债券的影响，然后深入分析了各类债券交易类型。总之，企业在发行债券的过程中，要充分考虑到市场的实际情况，实施合理的定价。另外，投资者或者债券购买者要关注竞争企业的会计信息，具有一定的甄别能力，做出合理判断，考虑利弊，找到一个平衡点，为企业融资创造一个健康、绿色的交易场所。最后，相关企业会计人员要在企业发行债券的时候，做出具体的数据来支撑企业的债券，争取让更多的投资者了解企业，为企业的融资带来有利影响。

结　语

　　财务管理是企业管理的重要组成部分，财务管理直接关系到企业的生存与发展。我国中小企业经过改革开放 20 多年的发展，已取得了辉煌的成绩，在我国国民经济中占有举足轻重的地位。但是，目前中小企业举步维艰，失败率较高，企业平均寿命只有 3—5 年，一个极其重要的原因就在于财务管理工作跟不上企业发展的需要。在市场经济条件下，企业要生存、发展和盈利就必须建立现代企业制度，科学地进行资本运营，而这一切都需强化财务管理。

一、中小企业财务管理中存在的问题

（一）缺乏明确的产业发展方向，对项目投资缺乏科学论证

　　一是片面追求"热门"产业，不顾客观条件和自身能力，无视国家宏观调控对企业发展的影响。二是对项目的投资规模、资金结构、建设周期以及资金来源等缺乏科学的筹划与部署，对项目建设和经营过程中将要发生的现金流量缺乏可靠的预测，仓促上马。一旦国家加大宏观调控力度，收紧银行信贷，使得建设资金不能如期到位，企业就面临进退两难的境地，甚至造成巨大经济损失。近几年来许多企业所投资的钢铁、电解铝、水泥等项目由于资金困难而夭折，或"割肉"卖出或成为永久性"在建工程"，不仅企业自己为此付出了惨重的代价，也将一些银行拖入泥潭。

（二）资金短缺，融资困难

　　目前我国中小企业由于投资规模小、资本和技术构成偏低，在融资的过程中遇到许多的困难，为此制约中小企业的发展。融资困难的主要原因一方面来自于企业自身的素质，中小企业规模小，自有资金不足、信誉不高、信用等级普遍较低；另一方面，国有商业银行对固定资产投资贷款审批权限过于集中，加上目前不良贷款比重较高，收贷难度大，而国家在中小企业信用担保体系方面目前尚不健全，使得金融机构无法对不良经营行为进行有效防范，为降低贷款风险，金融机构不得不持谨慎的态度。其次，中小企业没有民间融资渠道，在民间投资较多的地区大多数是采取民间集资的办法来解决资金问题，完全靠个人信用和高利息，融资成本很高，风险相对来说要大得多。由此造成中小企业的资金严重不足，投资能力相对较弱，阻碍了中小企业的发展。

（三）管理模式僵化，管理观念陈旧

一方面，中小企业典型的管理模式是所有权与经营权的高度统一，企业的投资者同时就是经营者，这种模式给企业的财务管理带来了负面影响。中小企业中相当一部分属于个体、私营性质，在这些企业中，企业领导者集权、家族化管理现象严重，并且对于财务管理的理论方法缺乏应有的认识和研究，致使其职责不分，越权行事，造成财务管理混乱，财务监控不严，会计信息失真等。企业没有或无法建立内部审计部门，即使有，也很难保证内部审计的独立性。另一方面，企业管理者的管理能力和管理素质差，管理思想落后。有些企业管理者基于其自身的原因，没有将财务管理纳入企业管理的有效机制中，缺乏现代财务管理观念，使财务管理失去了它在企业管理中应有的地位和作用。

（四）管理基础薄弱，内部控制不严格

由于中小企业管理模式集所有权与经营权于一身，这就使得企业在决策和经营管理方面带有很大的主观随意性，缺乏一套比较规范的具有可操作性的财务控制方法。一是对现金管理不严，造成资金闲置或不足。二是应收账款周转缓慢，造成资金回收困难。原因是没有建立严格的赊销政策，缺乏有力的催收措施，应收账款不能兑现或形成呆账。三是存货控制薄弱，造成资金呆滞。四是重钱不重物，资产流失浪费严重。不少中小企业的管理者，对原材料、半成品、固定资产等的管理不到位，财务管理职责不明，资产浪费严重。

（五）财会人员素质偏低，高级财务管理人员缺乏，财务机构设置不合理

大多数中小企业财会人员都没有经过专门化、系统化的知识教育，无证上岗的现象极其严重。财务与会计不分，没有专职的财务管理人员，财务管理的职能由会计人员或企业主管人员兼职，导致内部管理混乱，责任不明确。

二、加强中小企业财务管理的对策建议

（一）面向市场，采用科学投资策略

一方面，为了回避投资风险，中小企业应稳健理财，适时扩大规模。中小企业的成长过程充满风险，中小企业要发展，关键是要稳健理财，科学投资。对风险程度大的项目、决策面临不确定性的风险方案应主动回避。在实践中，中小企业应尽可能采取中、短期投资模式，加强投资项目的考察和论证，不断优化投资方案。另外，要抓住有利时机实现发展，扩大规模。其次，是集中优势，专业经营。中小企业实力较弱，往往无法经营多种产品以分散风险，但是可以集中力量通过选择能使企业发挥自身优势的细分市场来进行专业化经营，提高市场占有率，同样可以取得经营的成功。再次是拾遗补阙，用自己的产品去填补市场空白，充分利用小企业"船小好掉头"的灵活性特点，按照"人无我有"的原则，寻找市场空白点进行投资，进而可以扩大空间，向专业化方向发展。另一方面，中小企业投资应以对内投资方式为主。一是新产品试制的投资，中小企业的产品，其市场占有份额

有限，企业拳头产品也有一定的生命周期，如果不断有适销对路的新产品上市，同时又不断淘汰陈旧的老产品，这样可在市场竞争中始终处于不败之地。二是对技术设备更新改造的投资应当重视，应作为企业的一种长期策略。三是人力资源的投资，尤其是管理型人才和技术型人才的拥有，是企业制胜的法宝。可以采用招聘的方式引进人才；也可以通过对内部现有人员的培训来提高他们的技能和素质。

（二）优化企业外部环境，拓宽企业融资渠道

1.政府应尽快完善有利于中小企业发展的法律法规及相关的政策。

目前，我国已经出台了《关于鼓励和促进中小企业发展的若干政策意见》、《中小企业促进法》，可见我国在这方面的工作取得了一定的成果，希望政府能加快进程，不断完善政策法规，给中小企业更多平等竞争的机会。中小企业可以成立带有金融性质的机构，如成立中小企业基金，这样就拓宽了企业的融资渠道，一定程度上能解决融资难的困境。

2.建立中小企业的信用担保体系。

中小企业的信用担保是以服务为宗旨的中介组织，担保费的收取不能以增加中小企业的融资成本为代价，在建立信用担保体系的过程中要把信用担保制度和其他形式结合起来，为企业的融资担保提供多样化的服务，以提供更多的融资机会，可以在一定程度上解决企业融资难的问题。

3.金融部门要成为民营经济发展的推动器。

为了更好地发挥金融部门的作用，金融机构要切实转变观念，突破传统观念和制度的障碍，加快信贷管理体制的改革步伐，适应民营经济发展需求。市场经济的健康发展，为中小企业注入极大的活力，金融部门要突破观念，吸纳推出国际国内先进的金融产品，如专利贷款，品牌质押贷款等业务，更好地促进中小企业健康快速发展，要改进贷款决策程序，建立适合中小企业的信贷审批机制。要建立激励和约束相结合的信贷管理机制，提高信贷人员的信贷营销积极性。

（三）全方位转变企业财务管理观念

财务管理观念是指导财务管理实践的价值观，是思考财务管理问题的出发点。面对新的理财环境，若企业不能全方位转变财务管理观念，就很难在激烈的市场竞争中赢得一席之地。

1.树立人本化理财观念。

重视人的发展和管理，是现代管理的基本趋势。企业的每项财务活动都是由人发起、操作和管理的，其成效如何主要取决于人的知识、智慧和努力程度。因此，在财务管理中要树立"以人为本"的思想，扬弃"以物为中心"的观念，要理解人，尊重人，规范财务人员的行为，建立责权利相结合的财务运行机制，强化对人的激励和约束，其目的就是要充分调动人们科学理财的积极性、主动性和创造性。

2. 树立资本多元化理财观念。

入世后，资本市场开放，市场准入门槛降低，大批外资银行和外国企业都将进驻中国，大量的外国资本将涌入中国市场。中小企业应抓住这一契机，积极寻求与外资合作，提高管理水平，实现投资主体多元化，优化企业法人治理结构。

3、树立风险理财观念。

在现代市场经济中，由于市场机制的作用，任何一个市场主体的利益都具有不确定性，存在蒙受一定经济损失的可能，即不可避免地要承担一定的风险。而在知识经济时代，企业面临的风险将会更大。在财务管理中要树立风险观念，善于对环境变化带来的不确定因素进行科学预测，有预见地采取各种防范措施，使可能遭受的损失降到最低限度，提高抵御风险的能力。中小企业防范风险有两个重要途径：一是制定翔实的财务计划，通过计划将不确定因素确定下来，使企业产生应对变化的机制，减少未来风险的影响；二是建立风险预测模型，有预见地、系统地辨认可能出现的风险，变被动为主动，防患于未然。

（四）强化资金和应收账款的管理，加强财务控制

1、提高资金的营运效率，形成合理的资金结构，确定合理的负债比例，使资金应用得到最佳的效果。在改善资金结构的同时要维持一定的付现能力，以保证日常资金运用的周转灵活，预防市场波动和贷款困难的制约，确定最佳的现金持有量。一般来说，流动性强的资产收益低，这就意味着企业应尽可能地减少闲置资金，即使不将其投资于本企业的资产也要将其投资于能产生收益的其他资产，避免资金闲置带来的损失。当企业实际的现金余额大于最佳的现金持有量时，可采用偿还债务、投资有价证券等策略来调节实际现金余额；反之当实际现金余额小于最佳现金持有量时，可以用短期筹资来调节实际现金余额。

2、加强应收账款的管理。应收账款发生后，企业要采取各种措施，尽量的按期收回款项，否则会因拖欠时间过长而发生坏账，使企业蒙受损失。对应收账款进行账龄分析，编制账龄分析表，看有多少欠款在信用期内，有多少欠款超过了信用期。对不同时间的欠款，企业应采取不同的收账方法，制定出经济、可行的收账政策，对可能发生的坏账损失，则应提前提取坏账准备，充分估计这一因素对损益的影响。

3、加强财产控制。建立健全财产物资管理的内部控制制度，在物资采购、领用及样品管理上建立规范的操作程序，堵住漏洞，维护安全。对财产的管理与记录必须分开，以期形成内部有力的牵制，决不能把资产管理、记录、检查核对等交由一个人来做。要定期检查盘点，以揭露问题和促进管理的改善及责任的加强。最后，要不定期的检查，督促管理人员和记录人员保持警戒而不至于疏忽。

（五）加强财会队伍建设，提高企业全员的管理素质

目前，不少中小企业会计账目不清，信息失真，财务管理混乱；企业领导营私舞弊、行贿受贿的现象时有发生；企业设置账外账，弄虚作假，造成虚盈实亏或虚亏实盈的假象等等。究其原因，一是企业财务基础薄弱，会计人员素质不高，又受制于领导，无法行使

自己的监督权；二是企业领导的法制观念淡薄，忽视财务制度、财经纪律的严肃性和强制性。为解决好上述问题，一是中小企业要严格执行从业人员养老、医疗等保障制度，以吸引更多高级财务管理人员到中小企业发挥作用。二是企业的财会人员，要加强培训和进行思想政治教育，特别要学习《会计法》《会计准则》《会计制度》，增强财会人员的监督意识，要求会计人员持证上岗。三是企业领导要不断提高自身的法律意识，增强法制观念。只有通过企业财务人员和领导人员甚至全员的共同努力，才能改善企业管理状况，提高财务管理，提高企业的竞争实力。

附：中小企业划分标准

不同国家、不同经济发展的阶段、不同行业对其界定的标准不尽相同，且随着经济的发展而动态变化。各国一般从质和量两个方面对中小企业进行定义，质的指标主要包括企业的组织形式、融资方式及所处行业地位等，量的指标则主要包括雇员人数、实收资本、资产总值等。量的指标较质的指标更为直观，数据选取容易，大多数国家都以量的标准进行划分，如美国国会2001年出台的《美国小企业法》对中小企业的界定标准为雇员人数不超过500人，英国、欧盟等在采取量的指标的同时，也以质的指标作为辅助。

2011年6月18日，工业和信息化部、国家统计局、国家发展和改革委员会、财政部联合印发了《关于印发中小企业划型标准规定的通知》，规定各行业划型标准为：

（一）农、林、牧、渔业。营业收入20000万元以下的为中小微型企业。其中，营业收入500万元及以上的为中型企业，营业收入50万元及以上的为小型企业，营业收入50万元以下的为微型企业。

（二）工业。从业人员1000人以下或营业收入40000万元以下的为中小微型企业。其中，从业人员300人及以上，且营业收入2000万元及以上的为中型企业；从业人员20人及以上，且营业收入300万元及以上的为小型企业；从业人员20人以下或营业收入300万元以下的为微型企业。

（三）建筑业。营业收入80000万元以下或资产总额80000万元以下的为中小微型企业。其中，营业收入6000万元及以上，且资产总额5000万元及以上的为中型企业；营业收入300万元及以上，且资产总额300万元及以上的为小型企业；营业收入300万元以下或资产总额300万元以下的为微型企业。

（四）批发业。从业人员200人以下或营业收入40000万元以下的为中小微型企业。其中，从业人员20人及以上，且营业收入5000万元及以上的为中型企业；从业人员5人及以上，且营业收入1000万元及以上的为小型企业；从业人员5人以下或营业收入1000万元以下的为微型企业。

（五）交通运输业。从业人员1000人以下或营业收入30000万元以下的为中小微型企业。其中，从业人员300人及以上，且营业收入3000万元及以上的为中型企业；从业人员20人及以上，且营业收入200万元及以上的为小型企业；从业人员20人以下或营业收入200万元以下的为微型企业。

（六）零售业。从业人员300人以下或营业收入20000万元以下的为中小微型企业。

其中，从业人员 50 人及以上，且营业收入 500 万元及以上的为中型企业；从业人员 10 人及以上，且营业收入 100 万元及以上的为小型企业；从业人员 10 人以下或营业收入 100 万元以下的为微型企业。

（七）住宿业和餐饮业。从业人员 300 人以下或营业收入 10000 万元以下的为中小微型企业。其中，从业人员 100 人及以上，且营业收入 2000 万元及以上的为中型企业；从业人员 10 人及以上，且营业收入 100 万元及以上的为小型企业；从业人员 10 人以下或营业收入 100 万元以下的为微型企业。

（八）信息传输业。从业人员 2000 人以下或营业收入 10000 万元以下的为中小微型企业。

注：（六）、（七）（八）3 条，从业人员 10 人及以上，且营业收入 100 万元及以上的为小型企业；从业人员 10 人以下或营业收入 100 万元以下的为微型企业。

（九）软件和信息技术服务业。从业人员 300 人以下或营业收入 10000 万元以下的为中小微型企业。其中，从业人员 100 人及以上，且营业收入 1000 万元及以上的为中型企业；从业人员 10 人及以上，且营业收入 50 万元及以上的为小型企业；从业人员 10 人以下或营业收入 50 万元以下的为微型企业。

（十）仓储业。从业人员 200 人以下或营业收入 3000 万元以下的为中小微型企业。

注：（八）（九）（十）3 条，其中，从业人员 100 人及以上，且营业收入 1000 万元及以上的为中型企业

（十一）邮政业。营业收入 2000 万元及以上的为中型企业；

注：（十）（十一）2 条，从业人员 20 人及以上，且营业收入 100 万元及以上的为小型企业；从业人员 20 人以下或营业收入 100 万元以下的为微型企业。

交通运输业和邮政业从业人员 1000 人以下或营业收入 30000 万元以下的为中小微型企业。其中，从业人员 300 人及以上。

（十二）房地产开发经营。营业收入 200000 万元以下或资产总额 10000 万元以下的为中小微型企业。其中，营业收入 1000 万元及以上，且资产总额 5000 万元及以上的为中型企业；营业收入 100 万元及以上，且资产总额 2000 万元及以上的为小型企业；营业收入 100 万元以下或资产总额 2000 万元以下的为微型企业。

（十三）物业管理。从业人员 1000 人以下或营业收入 5000 万元以下的为中小微型企业。其中，从业人员 300 人及以上，且营业收入 1000 万元及以上的为中型企业；从业人员 100 人及以上，且营业收入 500 万元及以上的为小型企业；从业人员 100 人以下或营业收入 500 万元以下的为微型企业。

（十四）租赁和商务服务业。从业人员 300 人以下或资产总额 12000 万元以下的为中小微型企业。其中，从业人员 100 人及以上，且资产总额 8000 万元及以上的为中型企业；从业人员 10 人及以上，且资产总额 100 万元及以上的为小型企业；从业人员 10 人以下或资产总额 100 万元以下的为微型企业。

（十五）其他未列明行业。从业人员 300 人以下的为中小微型企业。其中，从业人员 100 人及以上的为中型企业；从业人员 10 人及以上的为小型企业；从业人员 10 人以下的为微型企业。

参考文献

[1] 丁兆君. 我国财政权力结构研究 [D]. 东北财经大学 2009.

[2] 邓峰，丁小浩. 中国教育收益率的长期变动趋势分析 [J]. 统计研究 .2013(07).

[3] 白彦锋，俞惠. 我国财政性三级教育支出分配结构探究 [J]. 财经理论研究 .2013(02).

[4] 邓峰，丁小浩. 人力资本、劳动力市场分割与性别收入差距 [J]. 社会学研究 .2012 (05).

[5] 祝接金，胡永平. 政府教育支出、人力资本异质性与地区经济增长 [J]. 统计与决策 .2008(06).

[6] 姚先国，黄志岭. 职业分割及其对性别工资差异的影响 -- 基于 2002 年中国城镇调查队数据 [J]. 重庆大学学报（社会科学版）.2008(02).

[7] 魏宏聚 .1986-2006，我国 20 年义务教育经费政策变迁特征审视 [J]. 教育理论与实践 .2007(05).

[8] 皮拥军 .OECD 国家推进教育公平的典范 -- 韩国和芬兰 [J]. 比较教育研究 .2007(02).

[9] 蒲蕊. 公共利益：公共教育体制改革的基本价值取向 [J]. 教育研究与实验 .2007(01).

[10] 杨旭辉. 基于 CAS 的地方政府固定资产投资系统研究 [D]. 北京交通大学 2015.

[11] 张洪刚. 政治关联与财政补贴的理论与实证研究 [D]. 东北财经大学 2014.

[12] 胡俊杰. 法治视角下的财政支出监督问题研究 [D]. 东北财经大学 2014.

[13] 王蓓. 中国国有企业亏损补贴问题研究 [D]. 东北财经大学 2013.

[14] 张车伟. 人力资本回报率变化与收入差距："马太效应"及其政策含义 [J]. 经济研究 .2006(12).

[15] 王广深，王金秀. 我国教育财政支出结构分析及政策调整 [J]. 改革与战略 .2008 (01).

[16] 褚宏启，杨海燕. 教育公平的原则及其政策含义 [J]. 教育研究 .2008(01).

[17] 丁小浩，余秋梅，于洪霞 .21 世纪以来中国城镇居民教育收益率及其变化研究 [J]. 教育发展研究 .2012(11).

[18] 李莹. 我国公共教育支出与经济增长关系的实证分析 -- 基于财政性教育支出的视角 [J]. 山西财政税务专科学校学报 .2011(06).

[19] 孟艳艳. 论建立有限政府的必要性 [J]. 法制与社会 .2011(06).

[20] 徐健. 财政教育投入对经济增长影响的实证分析 [J]. 兰州交通大学学报 .2010(02).

[21] 包桂荣 . 教育财政转移支付制度的国际比较 -- 以日本、美国为例 [J]. 内蒙古财经学院学报 .2010（02）.

[22] 钱争鸣，易莹莹 . 中国教育收益率统计估计与分析 -- 基于参数和半参数估计方法的比较 [J]. 统计研究 .2009（07）.

[23] 刘彬彬 . 辽宁高职院财务管理问题研究 [D]. 东北大学 2009.

[24] 张玉 . 国企高管与主管官员的合谋及防范问题研究 [D]. 东北大学 2012.

[25] 胡晓丹 . 我国民营企业扩张问题研究 [D]. 东北大学 2009.

[26] 郭晓明 . 上市公司财务核心能力理论与综合评价研究 [D]. 东北大学 2005.

[27] 王丽 . 东北地区上市公司短期信贷融资效率的实证分析 [D]. 东北大学 2005.

[28] 王春婷 . 实际控制人掏空与支持行为研究 [D]. 东北大学 2009.

[29] 孙烨歆 . 基于债务结构的控股股东利益侵占约束问题研究 [D]. 东北大学 2010.

[30] 王江涛 . 基于供应链战略联盟的中小企业融资模式研究 [D]. 东北大学 2008.

[31] 陈丽荣 . 宁夏电信公司全面预算管理问题分析及对策 [D]. 东北大学 2007.

[32] 吕青军 . 债务契约对应计与真实盈余管理行为选择的影响研究 [D]. 东北大学 2012.

[33] 宋泉 . 宁夏电信 SHLR 项目的计划与风险管理方案设计与实施 [D]. 东北大学 2007.

[34] 柏晓峰 . 基于融资约束的我国上市公司现金持有问题实证研究 [D]. 东北大学 2008.

[35] 尤美 . 东北地区上市公司长期负债融资效率研究 [D]. 东北大学 2007.

[36] 曹培成 . 长庆油田矿区事业部全面预算管理现状分析及改进对策 [D]. 东北大学 2009.

[37] 范丽 . 基于控制权收益的债务结构问题研究 [D]. 东北大学 2008.

[38] 李阳 . 基于债务结构的终极控制人利益侵占问题研究 [D]. 东北大学 2010.

[39] 张秋华 . 基于成本、需求的债务布置结构选择问题研究 [D]. 东北大学 2010.

[40] 李玲 . 公安部沈阳消防研究所财务管理问题研究 [D]. 东北大学 2008.

[41] 王惠波 . 我国上市公司利用资产减值准备操纵利润的问题研究 [D]. 东北大学 2005.